FICHA CATALOGRÁFICA

(Preparada na Editora)

Gagete, Lourdes Carolina, 1946-
G12v   Vivendo a magia do amor / Lourdes Carolina Gagete.
Araras, SP, IDE, 1ª edição, 2011.
160 p.
ISBN 978-85-7341-559-9
1. Crônicas 2. Espiritismo I. Título.

CDD -869.8B
-133.9

Índices para catálogo sistemático

1. Crônicas: Literatura brasileira 869.9B
2. Espiritismo 133.9

LOURDES CAROLINA GAGETE

Vivendo a MAGIA do Amor

{ *Reflexões para harmonizar corpo e alma* }

© 2011, Instituto de Difusão Espírita

1ª edição - outubro/2011
5.000 exemplares

internet:
http://www.ideeditora.com.br
e-mail: comentarios@ideeditora.com.br

Capa:
César França de Oliveira

Todos os direitos estão reservados.
Nenhuma parte desta obra pode ser reproduzida
ou transmitida por qualquer forma e/ou quaisquer meios
(eletrônico ou mecânico, incluindo fotocópia e gravação)
ou arquivada em qualquer sistema ou banco de dados
sem permissão, por escrito, da Editora.

INSTITUTO DE DIFUSÃO ESPÍRITA
Av. Otto Barreto, 1067 - Cx. Postal 110
CEP 13602-970 - Araras/SP - Brasil
Fone (19) 3543-2400
CNPJ 44.220.101/0001-43
Inscrição Estadual 182.010.405.118

www.ideeditora.com.br

IDE EDITORA É APENAS UM NOME FANTASIA UTILIZADO PELO
INSTITUTO DE DIFUSÃO ESPÍRITA, ENTIDADE SEM
FINS LUCRATIVOS, QUE PROMOVE EXTENSO PROGRAMA DE
ASSISTÊNCIA SOCIAL, O QUAL DETÉM OS DIREITOS AUTORAIS
DESTA OBRA.

Sumário

Nossa proposta...... 7
1. Por que fé raciocinada?...... 9
2. Dê-me sua mão...... 12
3. A verdade...... 13
4. Caridade...... 15
5. Indispensável é o cultivo do amor...... 19
6. Comentar levianamente o mal é dar-lhe forças...... 23
7. O amor, combustível das almas...... 25
8. O externo e o interno...... 27
9. A vida é um incessante ganhar e perder...... 29
10. Avante! Nunca estamos sós...... 31
11. Tudo é tão relativo...... 34
12. "Os anjos existem, sim"...... 36
13. Não vamos maldizer a escuridão. Façamos nossa luz. 40
14. Orgulho...... 44
15. Convivência...... 46
16. A caridade deve começar em casa...... 48
17. O saber servir engrandece-nos...... 50
18. Calúnia...... 52
19. O pessimista vê o mundo com olhos pequenos...... 54
20. Renúncia...... 57
21. No cotidiano...... 64
22. O arrependimento é necessário para a superação do mal...... 68
23. Transformação...... 70
24. Sofrimento...... 72

25. A paz é uma conquista íntima 74
26. Alianças 76
27. O amor tem vários graus sem deixar de ser amor 78
28. Felicidade 80
29. A vida não está como desejamos? Mudemos 83
30. Oração 85
31. Egoísmo 88
32. Perdão 92
33. Amanhã? Por que não hoje? 94
34. Ainda sobre a prece 98
35. Você se conhece? 101
36. Melancolia 106
37. Tolerância 109
38. A respeito do casamento... 111
39. Bolo de felicidade 118
40. Avareza 121
41. O medo da morte 123
42. Você precisa de bem pouco para ser feliz 125
43. Mente vazia e mãos ociosas 128
44. O sorriso é mágico 130
45. Problemas familiares 132
46. "As dores sangram no corpo, mas acendem
    luzes na alma" 137
47. Insista; uma, duas, mil vezes 140
48. Humildade 143
49. Mentalização para o repouso do corpo
    e do espírito 147
50. O poder transformador do amor 149
51. O medo 152
52. A ilusão da separação 156
53. O que Jesus espera de nós neste terceiro milênio? 158

NOSSA PROPOSTA

Não. Este não é um livro que vai te pegar no colo, passar as mãos na tua cabeça, incentivar teu ego, alimentar teus equívocos. Não. Não queremos te anestesiar o senso crítico pessoal, aquele que, tão bondosamente, fazemos de nós mesmos. Não queremos **anestesiar**; queremos **despertar**. Não queremos te manter dependente de nada. Queremos te libertar... De ti mesmo? Talvez.

Vamos então às regras do jogo: Queremos-te como um leitor disciplinado. Atencioso. Sem ideias preconcebidas; que se disponha a meditar nas mensagens; que as aprofunde sugando-as o mais possível. E que depois passes a viver melhor; com mais coerência diante do novo entendimento.

Diante de um quadro assim oferecemos-te o que de melhor temos. Vamos te sugerir um caminho bastante curto para a conquista – se não da felicidade plena – pelo menos o da paz. E vejas que não é pouco.

Vamos pedir que experimentes uma fé baseada na racionalidade, solidificada no bom senso, aliada à Ciência.

Aquela que julgamos ter porque alguém nos mandou que a tivéssemos; aquela que pode desfalecer ao primeiro sinal de dificuldade, que dura enquanto durar a nossa "fase infantil", enquanto as adversidades da vida não nos atingirem de fato.

Ontem, não precisávamos nada mais além do: "É pecado, Deus castiga, Deus quis assim..." Hoje, crescemos um pouco mais. Queremos entender os porquês e podemos te afirmar: tal desejo não é falta de respeito para com Deus; não é petulância da nossa parte. É direito que nos assiste. O aluno pergunta; o professor responde.

A Terra é uma grande escola. Nós, seus insipientes alunos.

1.
POR QUE
FÉ RACIOCINADA?

Não há fé inabalável senão aquela que pode encarar a razão face a face, em todas as épocas da Humanidade. – Allan Kardec

Quando somos pequenos contentamo-nos com explicações pequenas, mas quando crescemos, elas já não nos satisfazem.

A criança não medita; quando muito, pensa.

O indolente, embora possa ter o discernimento, acomoda-se àquilo que outros lhe transmitem e não busca a verdade por meio da racionalidade e do bom senso. É mais fácil não ter de meditar. É mais fácil nos deixarmos ficar na inércia improdutiva.

Há quem argumente que em questões de fé não se deve contestar nada e aceitar tudo de boa vontade. Crer, simplesmente e nada questionar. Fé cega. No entanto é isso o que mais tem gerado materialistas, pois são os questionamentos que trazem luz. Indagar é como acionar o interruptor: a luz aparece. Pode acontecer de não aparecer naquele momento por falta de "energia elétrica", mas o registro fica feito e, tão logo ela volte, a luz se fará.

A Filosofia ajuda a Ciência e a Fé, uma vez que filosofar é buscar respostas; é procurar compreender para aceitar integralmente.

As interrogações da Filosofia chegam aos ouvidos da Ciência, e esta, porque objetiva, procura respostas racionais.

As ondas mentais quando estimuladas – pela fé ou outro sentimento – vibram em determinada frequência (ondas médias e curtas) e atingem o núcleo do átomo operando modificações. A fé opera verdadeiros "milagres". "Tua fé te curou", dizia Jesus após uma cura.

Nenhum pecado há em buscar respostas científicas, porque na natureza tudo se encadeia. Tão só nos move o desejo de crer, compreendendo. De compreender para crer. Tudo está em Deus e Deus está em tudo.

E nossa fé, a partir daí, adquire a fortaleza da rocha. Coração e mente palpitando harmonizados vão propiciar uma crença inabalável, uma confiança imponderável no Pai Criador, deixando de ser aquisição emotiva e necessidade de momento; algo que, tão logo passe o que a motivou, se desfaz; algo que nos disseram ser bom e que nós, sem pestanejar, aceitamos para, dali a pouco, agasalhar novamente a descrença, porque encarceramos numa caixa forte a razão que deveria caminhar junto.

2.
DÊ-ME SUA MÃO

A mão divina está sempre acessível: basta que tenhamos sensibilidade para vê-la.

Oh! Deus de amor
Nas aflições
Dê-me sua mão
Na doença do corpo
Dê-me sua mão
No desequilíbrio do Espírito
Dê-me sua mão
Nas horas infindáveis do sofrimento
Dê-me sua mão
Nos momentos felizes
Dê-me sua mão
Na hora da partida
Dê-me sua mão
Para me religar a Ti...
Dê-me sua mão.

3.
A VERDADE

Ao pretender mostrar a verdade, analise antes se o seu desejo é só esclarecer.

A verdade é sempre desejável, porém, muitas vezes, pretextando dizê-la, incorremos na descaridade para com nosso próximo.

"Fui curto e grosso". "Comigo é assim: pão, pão, queijo, queijo" – ou: "Ele tinha de ouvir algumas verdades para seu próprio bem..."

É certo. A verdade deve sempre ser dita, mas o jeito como ela é dita, desde a entonação da voz até ao sentimento que vai junto, revela a grandeza do coração.

É importante estar bem certo da verdade. Da verdade real, que, aliás, é muito difícil de ser definida e compreendida, pois ela não é a mesma para todos. Cada qual defende a **sua**

verdade, sem nem mesmo querer questionar **a verdade do outro.**

No obscurantismo em que ainda nos debatemos, tendemos a impor a **nossa verdade** sem sequer ouvir a do nosso interlocutor.

Busquei dos sábios, o mais famoso:

– Onde posso eu encontrar a verdade?

– Buscando-a tenho meus cabelos encanecidos.

– Nunca, na tua sabedoria, a encontraste?

– Oh, encontrei-a sim, mas tanta roupa vestia... Tantos véus a envolvê-la que, por mais que eu a despisse, jamais seu corpo **desnudava.**

4.
CARIDADE

Praticá-la sem ostentação; sem humilhar o recebedor.

Ainda quando eu falasse todas as línguas dos homens, e mesmo a língua dos anjos, se não tivesse caridade não seria senão como um bronze sonante, e um címbalo retumbante; e quando eu tivesse o dom de profecia, penetrasse todos os mistérios, e tivesse uma perfeita ciência de todas as coisas; quando tivesse ainda toda a fé possível, até transportar as montanhas, se não tivesse a caridade eu nada seria. E quando tivesse distribuído meus bens para alimentar os pobres, e tivesse entregue meu corpo para ser queimado, se não tivesse caridade, tudo isso não me serviria de nada.

A caridade é paciente; é doce e benfazeja; a caridade não é invejosa; não é temerária e precipitada; não se enche de orgulho; não é desdenhosa; não procura seus próprios interesses; não se melindra e não se irrita com nada; não suspeita mal; não se regozija com a injustiça, mas se regozija com a verdade; tudo suporta, tudo crê, tudo espera, tudo sofre.

Agora, estas três virtudes: a fé, a esperança e a caridade, permanecem; mas, entre elas, a mais excelente é a caridade. (São Paulo, 1ª Epístola aos Coríntios, cap. XIII, v. de 1 a 7 e 13).

Aquele que ama desinteressadamente

pratica naturalmente a caridade, pois que é ela oriunda do amor.

Os que dizem amar, porém nada fazem a seus semelhantes necessitados, estão enganando a si mesmos.

Quando o amor existe apenas no círculo familiar, já é um começo, sem dúvida, porém tal amor será estendido a toda humanidade quando nos conscientizarmos de que todos somos filhos do mesmo Pai criador.

Às vezes achamos, equivocadamente, que amar é só prover materialmente. É claro que isso é importante, pois falar do Evangelho do Cristo Jesus para um faminto é um pouco mais difícil do que para um irmão saciado. Dê-lhe o pão do corpo e em seguida o pão do Espírito. O primeiro abre as portas da alma a fim de que o segundo encontre boa acolhida.

Algumas vezes alegamos que também somos pobres e nada possuímos para dar, porém, esquecemo-nos de que há muitas formas de se ser caridoso.

Quantas vezes dedicamos alguns minutos de nossa vida para ouvir um necessitado?

Quantas vezes estendemos a mão àquele que se encontra em sérias dificuldades e recorre a nós?

Quantas vezes silenciamos uma crítica mordaz e vibramos amor ao infeliz?

Quantas vezes acariciamos uma criança carente, visitamos um idoso solitário, dirigimos uma palavra de reconforto àquele que convive conosco, em nosso lar ou em nosso trabalho?

Quantas vezes sorrimos? Repudiamos uma maledicência? Esquecemos os defeitos de alguém e procuramos lembrar nesse alguém alguma virtude por pequena que seja?

Quantas vezes nos calamos ante uma deficiência alheia? Afinal, **não comentar** uma falha do nosso semelhante já é uma caridade.

Quantas vezes silenciamos nosso ego em favor de alguém?

Quantas vezes calamos as nossas necessidades, nossas dificuldades, para meditar na grandeza divina que no-las oferece a fim de que possamos crescer e sobrepujá-las?

Há vitória sem luta?

Há colação de grau sem se submeter ao currículo necessário?

Valorizaríamos a luz se não conhecêssemos as trevas?

Tenhamos sempre em mente as palavras inspiradas do apóstolo Paulo:

> "Ainda quando eu falasse todas as línguas dos homens, e mesmo a língua dos anjos, se não tivesse caridade não seria senão como um bronze sonante, e um címbalo retumbante; (...)"

C arregando o pesado madeiro,
A via-crúcis de Jesus seguia
R isos, choros, apupos...
I nfelizes, alienados, curiosos,
D e todos os lados surgiam.
A té que apareceu alguém,
D e caridade repleto o coração.
E tomou sobre si a cruz, o bondoso cirineu.

5.
INDISPENSÁVEL É O CULTIVO DO AMOR

A falta de água desidrata o corpo.
A falta do amor resseca a alma.

VERBO AMAR: MUITO CONJUGADO; POUCO VIVENCIADO.

(...) É imperioso, desse modo, reconhecer que as tuas conquistas intelectuais valem muito, que tuas indagações são louváveis, mas na verdade somente serás efetivo e eficiente cooperador do Cristo se tiver amor. (Caminho, Verdade e Vida, Edição FEB).

Não nos iludamos com as conquistas provisórias que o mundo nos oferece. Na verdade não somos donos efetivos de **nada**, se não das conquistas espirituais. Cedo ou tarde seremos obrigados a deixar aqui todas as nossas ilusões e acordar para a realidade da vida.

Não estamos aqui fazendo apologia à inércia improdutiva, ao descaso das coisas materiais, à indiferença... O que almejamos é dar a cada coisa o seu **real** valor.

Queremos a paz em nossos corações? Queremos a saúde robusta? Queremos a felicidade? Então trabalhemos sob a bandeira do Cristo Jesus, porque "Ele é o caminho".

Mas, o que é o amor? Fala-se muito dele, mas se pararmos para refletir vamos ver que cada qual tem sua maneira própria de amar... Ou de julgar que ama.

Alguns o confundem com o ato sexual. "Fazer amor" é um eufemismo, haja vista que os desequilibrados do sexo demonstram a distância que estão do amor. "Matei por amor." "O amor me cegou"... Amar não cega... Amar traz luz.

É claro que o ato sexual em si mesmo será sempre dignificado com a presença do amor; mas não é o amor em si mesmo, porque independe dele.

Quanto à paixão... Não pode estar relacionada a amor, pois a paixão é sentimento opressivo, possessivo, doentio, e tem levado muitos ao desequilíbrio e ao sofrimento. Amor é sentimento sublime. É resignado, tranquilo, tolerante, paciente. Sabe renunciar, qualidade que a paixão nunca ouviu falar.

Há quem faça do amor (amor?) uma prisão. Se for prisão não é amor; ainda que a gaiola seja de ouro.

Maria dizia amar José. José dizia amar Maria. Um dia Maria foi abandonada por José, que havia encontrado outro amor.

Maria se enfureceu. Soltou todos os seus demônios em cima de José: "Que você pague bem caro essa afronta. Que sofra até o fim de seus dias. Que chore. Que seja infeliz. Que se arrependa de ter-me abandonado..."

E Maria dizia amar...

Passou o tempo. José com tanta carga negativa sobre si não conseguiu ser feliz. Voltou para Maria. "Maria é realmente a mulher que amo." Entre beijos reataram o namoro.

Passou mais um tempo.

Maria conheceu um amigo de José. Muito interessante. Bonito, atencioso, elegante.

Todo o amor (amor?) que sentia por José foi transferido para o amigo dele.

José ficou furioso e Maria o abandonou.

José, por sua vez, soltou todos os seus demônios em cima de Maria: "Que você pague bem caro essa afronta. Que sofra até o fim de seus dias. Que chore. Que seja infeliz. Que se arrependa de ter-me abandonado..."

E José dizia amar...

6.
COMENTAR LEVIANAMENTE O MAL É DAR-LHE FORÇAS

Ninguém que atire lama sairá imaculado.

É característico do ser humano, no atual estágio da humanidade, o prazer mórbido de comentar as mazelas da vida; aumentá-las por sua conta; perceber só o lado negativo das criaturas e dos acontecimentos, enfim, cultivar o derrotismo.

Os fatos desagradáveis são vistos, revistos, comentados, criticados e há até uma preocupação em "adubá-los" sempre e acrescentar mais um detalhe por nossa conta. A mídia, embora tenha seu lado positivo, é a maior consumidora de tragédias. Não se conforma em transmitir a notícia; reprisa-a incontáveis vezes, promovendo a mensagem subliminar que faz novos desequilibrados.

É singular observarmos como as qualidades alheias são pouco ou nada comentadas. Às vezes sequer são observadas. Mas o contrário...

Vicia-se tanto a mente no mal, que ele é visto em toda parte. As dores, os desequilíbrios, as injustiças sofridas, enfim, toda negatividade ficam gravadas indelevelmente e, de tanto serem "pensadas", irrompem naturalmente ao consciente, formando quadros mentais ao nosso redor. Esquecemo-nos de que pensamento é força criadora e que nosso aparelho fonador é algo tão maravilhoso que não merece ser conspurcado no uso indevido de comentários malévolos.

Terceiro milênio. Mais de dois mil anos de Cristianismo. Caminhamos para o amadurecimento do amor em nós. Do amor universal, independente de laços de família, de raças, de credos, ou do que quer que seja. Repudiemos, pois, todo mal que é sempre uma ameaça à nossa paz; que pertence ao nosso passado distante quando no primarismo da vida. O tempo da infância já passou e a vida nos cobra uma atitude mais coerente, mais amadurecida. Felicidade existe, conquistá-la depende de nós.

7.
O AMOR, COMBUSTÍVEL DAS ALMAS

Somos fagulhas do amor divino em busca do alimento espiritual condizível com a nossa gênese.

Um carro sem combustível não anda. Uma alma sem amor estaciona. Não fomos criados para a inércia improdutiva.

Se ainda não sabemos amar o amor desinteressado e altruísta, o amor que engrandece, vamos começar a desenvolvê-lo agora, sem mais delongas, pois o tempo urge; já estamos vivendo os dias apocalípticos do terceiro milênio e haverá grandes transformações no planeta.

Estamos atualmente presenciando os efeitos funestos da falta de amor no mundo. Estamos vendo almas equivocadas, perdidas; que se deixam levar de roldão pelas mentes trevosas que as manipulam na intenção de propagar a dor, o sofrimento, as doenças e toda negatividade com a qual a treva se alimenta.

Lares são destruídos. Famílias desfeitas. Crianças e idosos ao abandono da própria sorte... Fome... Doença... Descaso... E não foi para isso que Deus nos criou. A dor pode e deve ser superada. Fomos programados para sermos felizes, para vivenciar o amor. Então vamos sorrir. Vamos correr atrás daquilo em que acreditamos. Vamos correr em busca da felicidade. Ela existe e nos espera, mas se tivermos os olhos sempre enevoados de lágrimas, não vamos enxergá-la.

Características do amor:
- O amor é paciente;
- Não faz exigências;
- Não é possessivo;
- Não perdoa porque jamais se ofende;
- Não oprime o ser amado;
- Sabe compreender;
- Tem o dom das transformações;
- É Deus em nós.

8.
O EXTERNO E O INTERNO

Dualidade conflitante: o que se é; o que se julga ser.

Vivemos em dois patamares distintos: o externo e o interno.

O externo é "um produto de exportação". Apresentamo-lo da forma mais perfeita, bonita e desejável. Faz-se necessário maximizar todas as qualidades e minimizar todos os defeitos. Realçar as utilidades e empanar os "efeitos colaterais".

O interno é um produto de nós mesmos. De nossa vivência diária. Aquele que realmente dá a identidade fiel de nós mesmos; que de fato nos será creditado ou debitado no Banco da vida.

Os valores do patamar externo podem

ser avaliados por qualquer leigo; os do interno, só por "especialistas". Por aqueles que "têm olhos de ver e ouvidos de ouvir".

O externo mostra de imediato nossa aceitação ou rejeição num determinado grupo. Quanto mais "maquiado" mais bem aceito. Todos gostamos de impressionar primeiro a visão.

O interno pode confundir, ou ser julgado sem nenhum critério; a olho míope. Não está escancarado à vista de todos, mas bem protegido nos recônditos de cada alma. É ele, a nossa "reserva de capital" para chegar ao topo da montanha ou ao fundo do abismo.

O "eu" externo e palpável, quase sempre sobrepuja a subjetividade do "eu" interno, pois que somos lerdos na apreciação interior.

9.
A VIDA É UM INCESSANTE GANHAR E PERDER

Compreender a instabilidade da vida já é ter vencido a maior parte dela.

Não fiques triste se perdeste algum bem.

Se foi um bem pertencente ao mundo, um dia terias mesmo de perdê-lo...

Nós somos apenas usufrutuários dos bens terrenos.

São-nos eles emprestados, portanto, de nós podem ser retirados.

Além do mais, outros bens poderão chegar a qualquer momento.

Nada levamos conosco para a outra vida se não as conquistas individuais. Os bens materiais são lastros que nos prendem; os espirituais, asas que nos libertam.

Se perdeste um ser amado, qual seja o filho, o esposo, o pai, a mãe, o irmão, o amigo, creia, eles não se perderam; só viajaram antes. O amor desconhece distância.

Um dia, em algum lugar, a qualquer hora, eles estarão novamente contigo.

Ontem, choravas uma perda.

Sofrias em dores acerbas.

Mas hoje ganhaste a compreensão;

Com a compreensão ganhaste a paz;

Com a paz, ganhaste a felicidade.

10.
AVANTE!
NUNCA ESTAMOS SÓS

O Pai Criador sabe o endereço de cada filho e o vê constantemente.

Não julgues que caminhas só, que és um filho esquecido do amor de Deus; que melhor seria deixar de existir... Mergulhar no nada... Desaparecer...

Muitas vezes, ao veres passar a multidão anônima, questionas sobre o que fazemos neste mundo de insana correria, onde cada qual parece ignorar aquele que lhe partilha o mesmo metro quadrado de chão.

E olhas aqueles rostos muitas vezes enegrecidos pela fuligem citadina, deformados pelas emoções mundanas, tristes alguns, alegres outros, indiferentes, a maioria. Qual rebanho vão caminhando... Caminhando... Apressados para chegar... Apressados para regressar...

Sentes um aperto na alma. Assemelhaste a um alienígena; a um pássaro que caiu do ninho e, desesperado, arrasta as tenras asas nas asperezas do chão na tentativa inútil de voar.

Mas, faze cessar por alguns momentos as inquietações de tua alma. Esquece a multidão anônima, o monóxido de carbono que te invade os pulmões, os gritos do vendedor ambulante, a sirene da ambulância, as intermináveis filas, os escuros desvãos transformados em lares...

Ouve a melodia que te vibra n'alma. O arfar de diáfanas asas de seres etéreos que te seguem os passos, daqui ou do além. Ouve o ritmo do teu coração, ansioso por viver... Por ser feliz.

Afasta, alma querida, esses pensamentos de aniquilamento; de não existir, porque existirás sempre. Afasta a melancolia que te leva ao desespero mudo.

Vê: não estás só. Percebe a fonte da vida a espraiar-se ao teu redor. Integra-te ao teu Criador, Ele é parte de ti.

Divina Presença
No burburinho dos dias
No silêncio das noites
Dentro e fora de mim
Ansiava conhecer-Te.
No vento tempestuoso

Na branda aragem
Rindo ou chorando
Ansiava conhecer-Te.

Na multidão anônima
Em cada enigmático rosto
Sonhando ou desperta
Ansiava conhecer-Te.

Então... o outono chegou
Despiu as árvores.
E como as folhas...
As ilusões também se foram.

E na aurora do inverno
Embora os lastros d'alma
Reconheço que da eterna vida
A melhor parte de mim és Tu.

11.
TUDO É TÃO RELATIVO...

É humildade inteligente saber o quanto somos vulneráveis.

Naquele dia tempestuoso os raios riscavam o firmamento e a terra tremia.

O grande jacarandá, copada imensa, torcia-se ao sabor da ventania. Mas era forte. Por mais que a tormenta o açoitasse ele se mantinha firme em suas gigantescas raízes. Vez ou outra se ria dos apuros de outras árvores menores. Então, orgulhoso, desafiava o vento e mais se agitava na dança frenética dos galhos.

Perto dele uma pequenina planta se curvou, trêmula, bem junto à mãe terra, buscando proteção. Humildemente, reconheceu que era impotente diante da tormenta e orou a seu Criador.

E o jacarandá, ciente da invejável altura

que a natureza lhe dera, viu-a toda encolhida junto ao chão. Com desprezo pensou:

"Que vida a desta plantinha! Fica aí, cheirando o brejo... Convivendo com insetos... Cheirando estrumes de animais... É mesmo insignificante na sua pequenez."

Noite adentro o ribombar dos trovões, a chuva intensa e a fúria dos raios agitavam a natureza.

Na manhã seguinte, passada a tormenta, a pequena planta foi-se levantando devagarzinho. Seu tronco delicado estava dolorido pela posição incômoda em que passara a noite. Mas estava intacta. Sua pequenez impedira que ela perdesse galhos, folhas e... a vida.

Surpresa, percebeu que o vizinho jacarandá jazia inerte. Partido ao meio por um raio. Os grandes galhos, como braços impotentes caídos ao longo do corpo.

Alongando seu olhar, percebeu que somente os pequenos estavam ilesos.

12.
"Os anjos existem, sim".

Quando te sentires desamparado e triste, lembra-te de que és um dos filhos do Pai eterno. Ele não te deu a vida para te consumires em sofrimentos. Levanta a cabeça e segue em frente. Lá adiante, embora não possas vê-lo, Ele te resgatará.

"O menino voltou-se para a mãe e perguntou:

– Os anjos existem mesmo? Se existem, por que eu nunca vi nenhum?

A mãe lhe afirmou que era verdade; que anjos existiam, de fato.

– Mamãe, então quero procurar um anjo. Vou andar pelas estradas procurando.

– Irei com você – disse a mãe.

Não poderia deixar o filho seguir sozinho.

Mas o menino olhou os pés aleijados dela e disse:

– Mas, mãe... Você não pode andar depressa. Vai muito devagar por causa dos seus pés.

Mesmo assim a mãe quis acompanhá-lo.

– Você vai andando na frente; eu fico mais atrás e depois nos encontramos. (Afinal, ela também sabia andar depressa quando era preciso).

E lá se foram. O menino, correndo na frente, e a mãe, mancando, seguia atrás.

De repente, uma carruagem surgiu na estrada: Linda! Puxada por quatro cavalos brancos. Dentro dela uma dama maravilhosa envolta em tecidos diáfanos, em sedas finíssimas que ele jamais vira. As jóias eram tão brilhantes que pareciam sóis. O menino, boquiaberto, perguntou:

– Você é um anjo?

Ela nem respondeu. Levantou a orgulhosa fronte e ordenou ao cocheiro que seguisse em frente.

Uma onda de poeira cobriu, por instante, o menino. Desiludido, limpou os olhos e esperou sua mãe, que vinha correndo em seu auxílio.

Amorosa, ela limpou a criança com seu avental azul. Beijou-o e pediu que ele não desanimasse e nem desejasse mal àquela dama.

– Aquela não era anjo, não é, mamãe?

– Não, meu filho. Ela não era anjo. "Mas um dia poderá se tornar um" – acrescentou, com um leve sorriso de incentivo.

Mais adiante, uma jovem belíssima em um vestido branco encontrou o menino. Seus olhos eram estrelas azuis e ele lhe perguntou:

– Você é um anjo?

Ela ergueu o pequeno em seus braços e falou, feliz:

– Uma pessoa me disse ontem à noite que eu era um anjo.

Enquanto acariciava o menino e o beijava, ela viu seu namorado chegando. Mais do que depressa, colocou o menino no chão. Fez tudo tão rápido que o menino não teve equilíbrio e foi ao chão.

– Olhe como você sujou o meu vestido branco, seu monstrinho! – disse ela enquanto corria ao encontro do namorado.

O menino ficou no chão. Chorando. Sua mãe chegou. Levantou-o, enxugou suas lágrimas, limpou-o no seu avental azul.

– Esta também não era anjo...

– Não era, meu filho.

A criança abraçou-se à mãe e lhe disse:

– Estou tão cansado. Você me carrega?

– Claro, filho! Foi para isso que insisti em acompanhar você.

Com a preciosa carga nos braços, a mãe foi mancando pelo caminho, cantando a música que ele mais gostava. Então o menino a abraçou com força e disse:

– Mãe, você é o verdadeiro anjo... O anjo de avental azul.

(autor desconhecido)

Quantas vezes temos anjos ao nosso redor e nem suspeitamos...

13.
NÃO VAMOS MALDIZER A ESCURIDÃO. FAÇAMOS NOSSA LUZ

Se cada um de nós colaborar, ainda que seja com a luz diminuta de um fósforo aceso, já estaremos contribuindo para a extinção das trevas.

Certa ocasião realizou-se uma palestra no Coliseu de Los Ângeles. Havia centenas de pessoas. O salão estava iluminado, mas lá fora a noite era escura; sem Lua nem estrelas.

Falar-se-ia sobre o valor do esforço individual para o bem comum. Depois de algumas considerações, o palestrante disse que apagaria todas as luzes; que ninguém se preocupasse. Assim fez. Escuridão total.

Em seguida ele acendeu um palito de fósforo. Todos os olhares convergiram para a pequena chama. Ele, então, perguntou:

– Todos estão vendo esta pequena chama?

Todos afirmaram que sim. Impossível não ver a luz naquelas trevas, por pequena que fosse.

O palestrante, então disse:

– Esta chama é como um ato de bondade num mundo que desconhece o amor.

Todos se quedaram, pensativos. O palestrante continuou:

– Vamos, agora, todos nós acender um palito.

Então, a imensa sala ficou repleta de luz. Todos davam de si mesmos um pouco de luz. E o pouco de cada um afugentou as trevas. Assim o palestrante concluiu sua palestra sobre o esforço individual.

É sabido que já estamos vivendo os dias do apocalipse.

Basta olhar a nosso redor, ler um jornal, uma revista, para verificar que a humanidade caminha a passos largos para uma transformação.

Olhemos para dentro de nós mesmos. Com honestidade. Sem tentar falsear a verdade. O que vemos?

Muita erva daninha ainda a ser arrancada, não é? Muito espinheiro pronto para ferir os incautos. E nós, como reagimos diante disso? Procuramos colaborar com nossa pequenina luz, ou ficamos criticando as trevas?

LUZES? Se não habita em nós é urgente começar a desenvolvê-la. Sem ela vamos caminhar às tontas, cair, chorar, maldizer a escuridão atribuindo a ela o roteiro perdido.

TREVAS? Não podemos acusá-la, uma vez que não aprendemos a fazer nosso lume. Tão logo acendamos a luz do Cristo em nós, naturalmente a treva se afastará.

LUTAS? Lutar é preciso. Não contra nossos semelhantes, mas contra nossos defeitos. Estes, infelizmente, nem sempre são percebidos devido a nossa natural tendência em ver "o cisco no olho do outro e não a trave no nosso".

DESANIMAR? **NUNCA.**

RECOMEÇAR? **TODO DIA.**

AMAR? **SEMPRE.**

Façamos nosso "apocalipse" todos os dias.

14.
ORGULHO

O orgulho é o primogênito do casal ignorância e desamor.

Dos sentimentos negativos e prejudiciais, é o orgulho um dos mais difíceis de ser exterminado.

Está ele enraizado em nós desde a mais tenra idade. Podemos afirmar que muitas das nossas dores estão associadas a ele.

Há o orgulho de raça;

O orgulho de casta;

O orgulho da posição social;

O orgulho de família;

O orgulho do saber,

Etc... Etc... Etc...

O orgulho é difícil de ser detectado porque tentamos disfarçá-lo das mais variadas formas. Senão, vejamos:

Melindre: Nada mais triste do que uma pessoa que se melindra com facilidade. Por qualquer bobagem, lá se foi o seu dia. De repente tudo ficou negro. O sol que até então brilhava, escondeu-se atrás de fabulosas nuvens prontas a desabar.

Mágoa: Pode-se dizer que é o mesmo melindre com um nome diferente. Costumamos nos magoar com muita facilidade. Carregamos, às vezes por anos a fio, uma mágoa boba que nos azeda o relacionamento.

Amor-próprio: Ah! Como está bem disfarçadinho aí o nosso orgulho. "Orgulhoso... Eu? Não senhor! Afinal, tenho o meu amor-próprio!"

O orgulhoso traz os olhos enevoados. Dá-se um valor maior do que o real e minimiza o de seu semelhante.

O orgulho associado ao egoísmo são os genitores de todos os males.

15.
Convivência

A vida do eremita, do misantropo, é egoísta. Fugindo das lutas, nunca teremos o louro da vitória.

Saber conviver é o grande segredo para a conquista de nossa paz íntima. Infelizmente, só bem mais tarde vamos nos dar conta dessa verdade; só depois de muito bate e rebate vamos perceber que é na convivência diária que nos vamos educando para um viver harmonioso; para o burilamento de nós mesmos.

Na fase do namoro tudo fazemos para manter as aparências. Esforçamo-nos para ser agradáveis, escondemos lá no fundo da alma nosso gênio feroz, nossa agressividade gratuita, nossas tendências perniciosas.

Depois, quando juntos no dia a dia do cotidiano, na convivência inevitável, vamo-nos mostrando como realmente somos. Perderam a validade o bom humor, a delicadeza, o sorriso... Consequência: impossível a convivência. Ninguém quer ceder. Ninguém quer renunciar em prol da boa qualidade do relacionamento. Fim do casamento. Frustração. Dor. Remorso. Solidão...

Bem mais tarde, quando já no outono ou inverno da vida, paramos e, numa viagem retrospectiva, percebemos que não soubemos conviver. E era tão fácil... Bastava tão somente cultivar a magia do amor!

16.
A CARIDADE DEVE COMEÇAR EM CASA

Se sua caridade não começar no lar com seus familiares mais próximos, então... reveja sua vida.

Quantas vezes, após ouvir conceitos fraternos, temos desejado também sair do nosso egocentrismo e fazer algo de bom ao próximo. Pena que nem sempre percebemos que o próximo mais próximo é o nosso familiar. É aquele filho rebelde, que talvez não tenha correspondido às nossas expectativas; é nosso esposo ou esposa que se transformou ao longo do caminho; é nosso pai que não nos compreende, nossa mãe um tanto revoltada, os irmãos indiferentes, o idoso limitado.

Geralmente, no nosso lar se reúnem Espíritos nem sempre ligados a nós pelo amor. Deus, na sua infinita sabedoria, favorece a aproximação a fim de que as diferenças desapareçam.

Infelizmente, é raro percebermos que o familiar difícil que caminha a nosso lado precisa da nossa caridade para também evoluir.

Nem sempre, todavia, estamos dispostos a ser fraternos, amorosos, pacientes, compreensivos com os "de casa", e vamos buscar lá fora ensejo para praticar a caridade.

É um mérito? Não se pode dizer que não, mas é também uma incoerência ignorar o necessitado tão próximo e buscar o que está mais longe. Socorre também o que caminha do seu lado, enquanto busca outros mais distantes.

17.
O SABER SERVIR ENGRANDECE-NOS

A inatividade enferruja a alma.

Deus, nosso Pai, jamais esteve inativo. Compete-nos seguir o exemplo Dele.

Para servir não são necessárias moedas, muito tempo disponível, lugar apropriado... Em todo lugar encontramos ensejo quando realmente queremos, quando não estamos demais preocupados conosco, com nossas necessidades, com nosso ego.

No trabalho: a dedicação, a solicitude, a responsabilidade.

Em casa: o amor, a tolerância, a autoridade quando necessária.

Na rua: um cumprimento, um sorriso...

Ajuda material? Também é necessária. Falar ao faminto enquanto o alimentamos.

Ajuda espiritual? Imprescindível a presença do amor; a magia do amor.

O campo de trabalho é, portanto, muito grande, e nós estamos sempre sendo convidados a servir em toda parte.

18.
CALÚNIA

A calúnia é o passaporte para a dor. Embarque nesse equívoco e aportará em terras de amarguras, de onde só sairá com o visto dos acerbos sofrimentos.

Dentre todos os defeitos do caráter, o vício de caluniar é dos que mais rebaixam a alma.

Infelizmente, numa sociedade tão heterogênea em valores espirituais, onde cada qual vive disputando benefícios, tem-se tornado fato corriqueiro declarações anticristãs com sérias consequências tanto para o caluniado quanto para o caluniador.

Conta-se que um caluniador, tendo se arrependido da calúnia que fizera contra um homem, procurou um sábio e lhe pediu orientação. Queria saber como fazer para anular todo o prejuízo que causara com sua vil calúnia.

O sábio ouviu-o, pacientemente.

Depois foi até ao quarto e pegou um grande travesseiro de penas pequeníssimas e o convidou a segui-lo até o topo de uma grande montanha.

Ali ventava muito. Ambos pararam por alguns instantes a ouvir o barulho do vento.

O sábio pediu que o homem abrisse o travesseiro de penas e as jogasse ao sabor do vento.

Depois que ele esvaziou o travesseiro, o sábio lhe disse:

– Agora, amigo, vá recolher todas as penas e as coloque novamente no travesseiro vazio. Quando você tiver recolhido a última, terá quitado a sua dívida.

No entanto, Deus é Pai amoroso. Conhece nossas limitações e sempre permite nosso começar de novo. Sabe que não se pode cursar uma universidade sem antes passar pelos bancos primários. Assim, se muito temos errado no nosso viver, tentemos, agora, muito acertar, para o equilíbrio necessário e justo.

19.
O PESSIMISTA VÊ O MUNDO COM OLHOS PEQUENOS

A Terra é uma oficina de almas.

Atualmente, mais que em outros tempos, o mundo tem desenganado e tornado difícil a vida humana.

Numa sociedade competitiva por excelência, massificante e indiferente, tornamo-nos pessimistas e embrutecidos. Passamos a achar natural o egocentrismo, o egoísmo, o "cada um pra si"...

Porém, quando nesse caos procuramos o amor e o consubstanciamos em nós, subimos um pouco mais rumo à espiritualidade; percebemos que este mundo, esta nossa Terra, está para nós, assim como o hospital está para o doente e que nossas dores são como as operações para a retirada de tumores: dói na hora, mas depois vem a cura.

Cidadãos do mundo quais somos, demoramos muito tempo para perceber nossas reais necessidades. Frequentemente estamos centrados em nós mesmos, cultuando nosso ego, querendo ver acontecer a qualquer custo nosso progresso material. E nessa visão unilateral, (raramente queremos "ver acontecer" nosso progresso moral-espiritual) esquecemo-nos de que o mundo, com todas as suas mazelas, ainda é a escola da qual precisamos. Não é lugar de felicidade? Há sofrimento por todo lado? A injustiça prospera? Nossos direitos são desrespeitados? Alguns de nossos homens públicos nos tem decepcionado a cada minuto? Sim. Não há como contestar isso, porém é justo considerar que ele, o mundo, reflete seus moradores. Com milhões de pessoas mandando para a atmosfera nuvens constantes de matéria mental inferior que é verdadeira fuligem, desamor, egoísmo, etc., a natureza só pode responder da forma como responde.

Entretanto, fomos todos criados para a felicidade. A infelicidade é acontecimento fortuito gerado pela nossa imaturidade espiritual, porém um dia a magia do amor nos envolverá com suas mãos sedosas; acariciará nossa face; alimentará nossa alma e será o sorriso permanente de Deus na Terra.

20.
RENÚNCIA

Em cada renúncia pode haver uma lágrima, mas em toda lágrima de renúncia está a presença de Deus.

Renúncia: virtude muito difícil de conquistar e de ser compreendida.

Há mesmo quem afirme que ela não é praticada – pelo menos de forma permanente – por ninguém.

Já o seu contrário... O egoísmo...

Nós ainda temos muito do animal selvagem e irracional no seu egoísmo feroz. Pensamos sempre primeiro em nós mesmos, nas nossas satisfações pessoais, nas nossas necessidades. Assim, nosso sofrimento é sempre maior do que o do nosso semelhante; nossas razões sempre mais justas; nossos anseios muito mais dignos de realização.

Como aceitar a renúncia quando ela se fizer necessária?

Como saber o quanto ela pode ser proveitosa para nossa paz?

Como começar a desenvolvê-la dentro de nós?

Jesus foi e continua sendo o modelo. Sigamos os seus passos. Consultemos quais foram as suas atitudes. Façamos uma autoanálise honesta; afinal, para que serve o professor se o aluno não lhe assimila a lição?

Comecemos por nos vigiar. Primeiro os nossos pensamentos, porque eles vêm sempre na frente de qualquer ato, salvo se agimos como os irracionais que, levados pelo puro instinto, não desenvolveram em si mesmos a inteligência do ser humano.

Depois de verificar o quanto estamos ainda longe de praticar essa virtude, não nos desesperemos: a grande rodovia se constrói metro a metro. A grande extensão de praia é formada por pequeninos grãos de areia.

Já agora mais conscientes vamos começar exercitá-la sem demora. Comecemos pelas pequenas renúncias:

NO TRABALHO:

É bom, para nossa paz interior, ser amigo de todos. Evitar críticas destrutivas, inveja, maledicências, risinhos irônicos, indiretas felinas... O fato de o outro ter tido mais sucesso profissional não quer dizer que fomos desvalorizados ou rebaixados.

A solicitude, o sorriso, a simpatia, não devem ser economizados. O ambiente de nosso trabalho pode ser santificado pela nossa postura cristã, pois não é só nos centros espíritas, nas igrejas ou em qualquer casa de oração, que devemos ser cristãos.

Um colega está precisando desabafar? Ofereça a ele seus ouvidos e, se oportuna e justa, sua orientação.

O elevador está com sua lotação quase completa. Percebemos que um colega está aflito para embarcar. Que nos custará cedermos a vez a ele? Um minuto a mais, um minuto a menos...

Seu chefe é mais tolerante com seus colegas e mais exigente com você? Não fique revoltado ou se sinta diminuído ou desejoso de atirar-lhe isso no rosto. Renuncie à agressividade. O modo desleal como ele exerce seu cargo não é problema seu. É problema dele.

Você é o chefe. Seus funcionários são insubordinados? Deixam a desejar? Não postergue uma reunião de esclarecimento. Exerça sua autoridade, todavia, renuncie ao pedantismo; fale com sabedoria e amor, porquanto ninguém resiste a essa magia.

EM CASA:

Chegamos cansados em casa; doidos para tomar um banho e relaxar um pouco. Um familiar também chega ao mesmo momento e com as mesmas necessidades. Mas só temos um banheiro. Que fazer? Se deixarmos o egoísmo no leme da vida, vamos correr e nos beneficiarmos primeiro. Se estivermos de olho no **"vigiar"** vamos ceder; vamos proporcionar primeiro ao outro a satisfação.

Íamos começar a nos preparar para sair um pouco, quando o telefone toca e alguém diz que precisa muito falar, que está desesperado e precisa de nossa ajuda. A impaciência nos alfineta a alma e sentimos vontade de dizer que estamos de saída, que outro dia... Mas aí vem a lembrança e repetimos: Caia fora egoísmo; seja bem-vinda, renúncia. Deixemos por enquanto a ideia de sair. Lazer pode esperar; desespero não. Uma palavra amiga na hora certa pode salvar uma alma.

O companheiro, a companheira, ou qualquer outra pessoa nos pede um favor justamente na hora em que vamos nos recolher para o descanso tão necessário. No primeiro momento queremos fazer um discurso para lembrá-lo o quanto estamos cansados, que trabalhamos o dia todo, que temos de levantar cedo... Mas, que custa renunciar um pouco, esquecer um pouco de nós para pensar no outro?

Alguém precisa de nós justamente quando estamos vendo a novela, ou o futebol. Vamos dizer que esperem? Talvez não haja tempo para isso. Talvez a hora passe e não surja outra oportunidade.

Na rua:

A condução está lotada. Você viaja em pé, com desconforto. De repente surge um lugar. Você corre e se senta. Alivia-se. Mas no ponto seguinte entra uma senhora. Parece muito cansada. Você, primeiro, finge ignorá-la. Fecha os olhos. "Não estou vendo nada", afirma. Mas, se já começou seus exercícios para "a morte do homem velho para o nascer do homem novo", então vai se levantar; renunciar ao comodismo da viagem e oferecer, alegremente, o seu lugar a ela.

Você está na direção do seu carro. Apressado para chegar a sua casa e descansar. Alguém força a passagem e você lhe cede a vez. Foi tolo? Não. Foi coerente com sua condição de cristão.

No início vai ser difícil, pois os automatismos nos levam sempre a trilhar os caminhos já amplamente conhecidos e vivenciados, mas com a persistência vamos conseguir reverter essa situação. Então vamos renunciar espontaneamente. Vamos conseguir, ao longo do tempo, anular completamente o egoísmo e no seu lugar instalar a renúncia, que é a marca do amor maior.

Se nos mantivermos sempre atentos, vamos descobrir que sempre temos pequeninas coisas nas quais podemos exercitar para quando chegar o momento das grandes renúncias.

21.
NO COTIDIANO

"Se nossos olhos forem bons..."

NO SERVIÇO UTILITÁRIO

– **Nosso** modo de ver:

Aquele colega não é tão educado quanto eu gostaria que fosse;

O chefe não é tão amigo e maleável;

O ambiente de trabalho deixa a desejar;

O meu salário, idem;

Meu serviço nunca é reconhecido;

Faço sempre o melhor e ninguém percebe...

– Modo como **nosso próximo** pode nos ver:

Não é tão educado, mas exige que os outros o sejam;

O chefe não tem culpa; ele é que é inconstante;

Não adianta ele querer se eximir e jogar a culpa nos outros. Todos somos responsáveis pelo ambiente do trabalho;

Quanto ao salário, há quem ganhe bem menos e não fica reclamando;

Quer ser louvado por qualquer minuta que rabisca;

Faz o mínimo e quer ganhar o máximo...

No serviço beneficente

– **Nosso** modo de ver:

Os colegas não são persistentes no bem;

Desanimam com facilidade;

Há maledicência em quase todos;

Eu faço o melhor que posso, mas os outros apenas fingem que colaboram;

O pior serviço sempre é deixado de lado; eu acabo sempre tendo de fazê-lo;

Quanto mais faço, menos sou reconhecido...

– Modo como **nosso próximo** pode nos ver:

Ele poderia ser bem mais persistente naquilo que faz;

Fala em ânimo, mas não dá exemplo;

Vê maledicência em tudo;

Finge que trabalha muito quando fica só fiscalizando os outros;

Parece que colabora por obrigação e não por amor.

Quer, a toda hora, ser reconhecido e aplaudido...

Em casa

– **Nosso** modo de ver:

Trabalho feito louco e ninguém reconhece;

Meu cônjuge está sempre ocupado;

Minha família não me valoriza;

Meus filhos não são tão atenciosos quanto deveriam;

Minha sogra é uma "mala sem alça";

Minha casa precisa de uma reforma urgente;

Meu guarda-roupa está praticamente vazio;

Preciso de férias, que ninguém é de ferro...

Modo como **nosso próximo** pode nos ver:

O trabalho da casa não é tão estafante assim que justifique tanta reclamação;

Quer total atenção. Não percebe que o sol não nasce só pra ele;

A família é a desculpa para toda queixa;

Os filhos se esforçam, mas ele é mesmo um neurótico;

A sogra não é aquele estorvo que ele diz ser;

Todo ano quer reformar a casa;

O **"praticamente vazio"** dele é pura força de expressão;

De férias, não só ele necessita, mas todos precisamos...

22.
O ARREPENDIMENTO É NECESSÁRIO PARA A SUPERAÇÃO DO MAL

Seremos tão imaturos em Espírito a ponto de acreditar em fórmulas mágicas para fugir às nossas responsabilidades?

Há quem viva de erro em erro e acredita que quando a morte chegar bastará arrepender-se e todo mal praticado será esquecido.

Visão comodista. Ilusão. Menor esforço. Embora Deus aja sempre com amor, não poderia, em nome de sua justiça, oferecer as mesmas condições para aquele que viveu conscientemente no mal e para aquele que sempre lhe respeitou as leis.

Hoje, mais amadurecidos e com outra filosofia de vida, compreendemos que o arrependimento sincero é o primeiro e o mais importante passo, porém, havemos de estar cientes de que a justa reparação é imprescindível.

A justiça é inexorável, mas Deus Criador oferece-nos sempre o beneplácito de novas oportunidades. Se Ele sempre nos perdoasse o mal praticado, jamais aprenderíamos o valor do bem vivenciado.

Se o espinho fere, a rosa perfuma. Se o erro traz a dor, o acerto traz a harmonia. Se o desamor é treva, o amor é luz...

Alegremo-nos. Nada está perdido. Amanhã o sol brilhará novamente.

Avante! Deixe a inércia e viva a magia do amor!

23.
TRANSFORMAÇÃO

Hoje, casulo. Amanhã, borboleta.

A água estagnada atrai insetos.

A enxada ociosa enferruja.

A prata sem polimento escurece.

A mente sem uso entorpece.

O membro sem atividade atrofia.

A inatividade, portanto, não nos convém.

Tudo é movimento na natureza

A inércia nada produz.

O ócio não leva a lugar nenhum.

Fomos criados para a ascensão.

Uma vibração divina foi a nossa gênese.

Vibração é movimento.

Movimento é vida que nos transforma dia a dia.

*Graças, meu Deus, pela coragem que tenho
De me olhar e me enxergar qual sou
Sem a maquiagem da ilusão.
Graças, meu Deus, pela honestidade
em ver meus defeitos
Minhas limitações
Minhas necessidades...
Graças, meu Deus, pela coragem que
tenho de me transformar.
De procurar sempre um caminho melhor.
De analisar sempre o meu "eu" interior
Para que nele nunca habite a ilusão e a dor.*

Ontem, eu chorava.
Hoje, já consigo sorrir.
Ontem me sentia distante de Ti.
Hoje, sinto que estás em mim.
E também que estou em Ti.

24.
SOFRIMENTO

O sofrimento pode ser sua alavanca de progresso.

Quando o homem primitivo viu-se nu, sofrendo as agruras do frio, enfrentou os animais ferozes para agasalhar seu corpo com a pele deles. Com outros sofrimentos também foi à luta em busca de soluções.

Muito temos progredido por meio do sofrimento, porque ele é o cutelo que nos tira da indolência. Subir é difícil; trabalhoso. Evoluir dói. Deixar o comodismo do chão e se alçar às alturas é tarefa à qual poucos se sujeitam.

Afora a dor física, enfrentamos muitas vezes as dores morais, que certamente não são as melhores.

Contudo, nada na vida é inútil ou injustificado, e a dor tem sido colocada no nosso caminho em face da nossa condição de devedores perante a vida. Ela nos desperta e nos faz lembrar que, acima de nós, uma inteligência superior e divina está atenta.

Seja qual for o nosso sofrimento, confiemos. Ele não é eterno. O fim talvez esteja mais perto do que imaginamos. Envolvamos os dissabores na magia do amor e eles se transformarão num eco que já passou.

Somos capazes disso e de muito mais. Confiemos. Corramos atrás da felicidade. Ela existe. Deixemos de olhar espinhos... Descubramos a flor. Sintamos a vida estuante que se agita dentro de nós dizendo que a felicidade está bem aqui... Tão perto que não a vemos...

25.
A PAZ É UMA CONQUISTA ÍNTIMA

Só quem sofreu as turbulências da viagem pode valorizar a paz de uma chegada vitoriosa.

O ser humano sempre correu atrás dos bens materiais e – por que não dizer? – atrás de tudo que o elevasse no conceito da sociedade.

Nessa busca incessante, na maioria das vezes, não tem escrúpulos para utilizar-se de meios escusos a fim de alcançar seus fins.

Assim, não pensa duas vezes se tiver de magoar um companheiro, maltratar o semelhante, ferir sentimentos... desde que alcance seu objetivo.

Na maturidade espiritual, chega-se à conclusão de que a ansiedade pelas conquistas materiais, conseguidas quase sempre em detrimento de outrem e com grande exaustão, apenas serviu para nos desgastar... Roubar-nos a paz. E, não raro, nessa busca desequilibrada desencontramo-nos de nós mesmos.

Quando paramos a fim de meditar nos verdadeiros valores da vida, damos o primeiro passo positivo rumo à conquista da paz íntima.

Quando olhamos nosso semelhante com respeito e amor, quando estendemos a mão ao infeliz, o caminho está se abrindo e já vislumbramos a paz.

Quando enxugamos a lágrima do nosso irmão, esquecendo as nossas próprias, quando repartimos nosso pão, agasalhamos quem tem frio, orientamos o perdido, reerguemos o caído... a paz já se nos instalou no íntimo e com ela nossos dias se tornarão serenos. A magia do amor agasalha-nos a alma.

26.
ALIANÇAS

Você tem o livre-arbítrio para agir. Escolha bem seu caminho, evitando, assim, acidentes no percurso.

Alie-se ao desânimo e herdará a moléstia.
Alie-se à moléstia e herdará o sofrimento.
Alie-se ao sofrimento e herdará a infelicidade.
Alie-se à infelicidade e herdará sombras.
Alie-se às sombras e herdará perturbações.
Alie-se às perturbações e herdará desequilíbrios.
Alie-se ao desequilíbrio e herdará a derrota.

Mas...

Alie-se ao ânimo e terá a saúde.
Alie-se à luz e terá a paz.
Alie-se ao bem e terá a alegria.
Alie-se a Deus e terá o céu...

O céu dentro de nós mesmos.
Em qualquer lugar.
Em qualquer situação.
Onde quer que esteja.
Agora e sempre.

27.
O AMOR TEM VÁRIOS DEGRAUS SEM DEIXAR DE SER AMOR

O grau do amor que conseguimos ter é nosso retrato espiritual.

O amor do apóstolo Pedro por Jesus foi grande, mas não foi, no seu início, suficiente para afastar o medo das eventuais punições... "Antes de o galo cantar três vezes..."

O de Maria Madalena, ou Maria de Magdala, irrompeu de súbito transformando aquela vida equivocada. Cresceu, mas muito ainda tinha de crescer.

O de Tomé era desconfiado. Necessitava de comprovação.

O amor de Judas era real, mas cheio de interesses materiais; de ilusões de poder, de equívocos.

Nosso amor é o sentimento mais belo que temos, porém, raros são os que amam verdadeiramente; sem exigências; sem possessividade, sem sufocar a criatura amada.

Somente o amor de Jesus foi e é imensurável. Imponderável. Perfeito.

Não exijamos, pois, daqueles que nos rodeiam, um amor grandioso; um amor que também nós ainda não possuímos para retribuir. Mas valorizemos toda manifestação dele. Na forma de amizade sincera, de fraternidade, de atenção...

Lembremo-nos de que o robusto carvalho já foi insignificante semente, e que mesmo o diamante já teve seus dias de negrume.

28.
FELICIDADE

O exigente em demasia acaba perdendo a motivação e para no meio do caminho.

Felicidade... Ela está ao seu alcance. Vive se insinuando a você. E você, indiferente, sempre lhe dá as costas. Ignora seu chamamento. Prossegue em sua caminhada, de semblante carregado, tão cansado que parece levar o mundo às costas. Mas ela insiste: ali, o sorriso de uma criança; acolá, o vento lhe ciciando canções; mais adiante, o amigo lhe estendendo as mãos; o riso descontraído da moça, do rapaz. Seu emprego. Seu lar. Seus familiares...

Tanto motivo para ser feliz e você permanece casmurro, como se o mundo fosse só ingratidão, incoerência, maldade... Como se o mundo não merecesse você.

Olhe para você. Que vê? Nada? Tem certeza?

E esses seus olhos que serviram para você ler este texto? Quanto valem? Você teve de comprá-los ou Deus lhos deu, graciosamente?

E suas pernas? Já reparou naquele aleijado que pede esmola na rua? E você tem duas robustas pernas! Quanto pagou por elas? Já lhe ocorreu quanta felicidade aquele aleijado sentiria se fosse dono dessas suas pernas?

E suas mãos? Se forem mãos que trabalham... que acarinham... que apertam outras mãos... Se forem mãos que socorrem... Mãos que repartem o pão... mãos que se juntam em oração...

E nossa capacidade intelectual? Já reparou no olhar sem brilho do idiota? Na expressão vazia do imbecil?

E sua voz? Voz que pode tecer louvores... Agradecimentos... Súplicas... Que pode exaltar a vida, orientar a criança, ajudar o idoso... Que pode cantar uma canção... fazer uma oração...

Anda, amigo! Dê licença para a felicidade entrar, que a infelicidade é apenas uma ilusão de ótica.

FELICIDADE

Benedita de Melo

Felicidade! Onde quiser a temos,
Ela foi feita para todos nós;
Fica às vezes conosco, não a vemos
E fechamos o ouvido à sua voz;

Afasta-se ao sentir que a não queremos
E retorna a buscar-nos logo após;
Vai-se outra vez, não volta e nós sofremos
Porque entre multidões ficamos sós.

Eu sei de alguém que um dia a possuiu:
Foi buscar-lhe o modelo na virtude
E com as próprias mãos a construiu.

Eu não a tive porque não a fiz,
Pois só soube poder quando não pude
E não soube querer o que mais quis.

29.
A VIDA NÃO ESTÁ COMO DESEJAMOS? MUDEMOS.

Quando sentir que o desalento se lhe apodera da vida, expulse-o sem compaixão. Senão ele expulsará você da vida.

... E ela foi dormir chorosa. Quisera que o mundo se acabasse. Viver estava-lhe sendo muito difícil. Carregar sua cruz estava além de suas forças. Lágrimas sentidas molhavam-lhe o rosto abatido, e seu coração ansiava tanto por descanso! Por esquecimento...

Manhã seguinte. O sol atravessa o vidro da janela e ilumina a casa, o quintal, a cidade, o mundo...

Tudo que sobrou do desespero de ontem foi apenas uma lembrança desagradável.

Hoje é outro dia. Nova oportunidade de

recomeçar. "Mais vale errar tentando, do que nunca tentar".

O que mudou? O problema desapareceu? Não. Continua do mesmo tamanho. Mas então... o que mudou? Você. Você mudou. Aprendeu durante a noite, talvez com a ajuda divina, a dar a seus problemas o preço justo que eles realmente merecem.

A compreensão trouxe-lhe a paz. Você aprendeu a confiar no tempo; em você; na ajuda do Alto; em Deus Pai Criador.

Sua alma mergulhou na Magia do Amor.

30.
ORAÇÃO

Que ninguém desmereça a oração. O próprio Jesus a fazia constantemente, pois ela é o elo de ligação com Deus.

Estar em oração não é somente declinar petitórios, fazer louvações ou agradecer.

Estar em oração é permanecer num estado de espírito elevado; vibrar positivamente, pois a oração não está centrada em palavras articuladas, mas em sentimento sublimado.

Estar em oração é estar ligado ao Pai, mas não é importante que as preces sejam recitadas, porque muitas vezes o pensamento foge para outros lugares porque tais palavras já estão automatizadas em nós.

Para que uma oração surta o efeito que dela se espera (se o pedido for justo), é necessário unir coração e mente, estar revestido de um sentimento sincero e ter merecimento.

O número de palavras ditas não é levado em conta, uma vez que o que realmente prevalece é o sentimento com que ela é realizada.

Também as promessas que se fazem não passam de infantilidade de nossa alma. Para que "negociar" com Deus se Ele já é o dono de tudo? De que se beneficia Deus quando fazemos uma promessa de, por exemplo, ficar sem comer doces por um ano? Subir de joelhos uma escadaria? Cortar o cabelo, ou deixá-lo crescer? E nós, no fim de tudo isso, estaremos melhores? Desenvolvemos o amor em nós?

Contudo, se fizermos a promessa de melhorar nosso caráter, de cultivar a tolerância, a fraternidade, o amor, isso sim vai-nos trazer muito proveito.

Quantas vezes oramos e, no entanto, parece que não somos ouvidos. Ledo engano! Nenhuma oração fica sem resposta. Toda oração sincera é captada pelos Espíritos e levadas ao Senhor da vida. O que ocorre é que nem sempre a resposta vem da maneira que queremos e entendemos. Isso porque nem sempre sabemos pedir com sensatez.

De outras vezes não temos persistência. Não temos a fé necessária e não modificamos o nosso padrão espiritual para que a situação se modifique.

Deus não muda as suas leis – que são eternas – a cada pedido de seus filhos. Toda ação continuará gerando uma reação, todavia, essa reação poderá, por mercê Dele, ser minimizada conforme o desempenho de cada um.

O calvário de dores que Jesus tinha de passar não foi alterado, todavia o Pai providenciou que um cirineu o ajudasse.

31.
EGOÍSMO

O egoísta é o satélite de seu ego.

O egoísmo habita na imaturidade da alma. Podemos dizer que é o pai de todas as desgraças do mundo.

No início de nossa ascese, somos essencialmente egoístas. Só pensamos em nós mesmos, tudo gira em torno de nossas necessidades e interesses. É o "cada um pra si e Deus para todos". É a lei do mais forte. A fraternidade é virtude totalmente ignorada.

Desconhecedores das leis divinas, também pouco nos importamos com as civis. Só nos preocupamos conosco e com nossos familiares mais chegados, desde que **depois** de nós.

Como fazer para erradicar o egoísmo do qual nossa alma ainda está repleta? Tomar uma vacina de:

Conscientização

Primeiro temos de aceitar que realmente somos egoístas. Isso não é fácil. Ninguém admite ser egoísta. Costuma-se criar uma imagem falsa da personalidade egoísta. "Sou simplesmente precavido" – E o guarda roupa está cheio de roupas que nem três gerações consumirão.

"Não sou egoísta, guardo para o dia de amanhã. A fome do mundo não é problema meu" – E nossa despensa está atulhada de víveres que correm o risco de perder a validade, mas continuam ali, quando matariam a fome de muitos.

"Não sou egoísta... quando tenho **bastante,** distribuo um **pouco**".

E a conta bancária vai bem, obrigada, mas o que conseguimos doar em prol dos necessitados são uns míseros reais, mesmo assim seguidos de lamentação inconsciente.

Depois da conscientização, quando aprendemos a nos ver com os *"olhos do nosso vizinho"* e não com os nossos que são complacentes demais, vamos passar a outra etapa:

LUTA

Vamos travar conosco uma verdadeira batalha campal. Eu versus Eu.

O egoísmo, ora vence, ora é vencido; ora é pisoteado, ora é regado, pois, embora desenvolvamos (lentamente) asas para ganhar alturas, ainda muito temos do réptil rastejante.

Às vezes ganhamos muitas batalhas, mas a guerra ainda está longe de terminar.

Às vezes impera a natureza animal, outras a angelical. Estamos em transição. Do esforço de cada um, depende a vitória.

O que fazer para nos libertarmos de vez? Para fazer parar essa gangorra da vida? Para tomar o caminho florido que nos levará a vivenciar a magia do amor?

Saber que nada vamos levar daqui não tem surtido efeito.

Saber que um dia não mais seremos cidadãos deste mundo, idem.

Saber que o verdadeiro tesouro, aquele "que a ferrugem não come e nem o ladrão rouba", é o que deve ser cultivado, não tem encontrado ressonância em nossos corações.

No entanto, Jesus nos ensinou esta lição muito bem. É só começarmos a praticá-la, que teoria só, não leva a lugar algum. Prosseguindo:

PRÁTICA ESPONTÂNEA

E de luta em luta, caindo, levantando, é que um dia vamos conseguir fazer com que o brilho da Grande Luz refulja em nós; que vamos agir no bem, naturalmente, porque ele está consubstanciado em nós; porque faz parte de nós.

Não mais vamos ter medo de ficar pobres porque ajudamos o nosso semelhante. O valor das coisas do mundo passa a ter um peso diferente; transitório...

Nossa mão permanecerá sempre estendida para os necessitados, embora nos precatemos contra a mendicância nociva e profissional.

Estaremos sempre dispostos. Felizes. Amor é sol na alma. Recebemos muito mais do que damos. Viver o amor é nosso destino.

32.
PERDÃO

"Se persistir o olho por olho acabaremos todos cegos" (Ghandi)

Enquanto não aprendermos a perdoar – não só de boca, mas de coração – não seremos felizes.

Quem não perdoa, carrega um fardo de espinhos no coração. Toda vez que recorda o desafeto, a raiva flui automaticamente e as negatividades são liberadas. Se alcançará o desafeto não sabemos, mas sabemos com certeza que fará mal a nós, em primeiro lugar.

Essa negatividade que, consciente ou inconscientemente mandamos a outrem, em saindo de nós já nos prejudicou. Só depois poderá encontrar o outro, pois pode ser que "o outro" nem receba essa vibração ruim, porque evoluiu e não mais está ligado às correntes baixas do pensamento rancoroso. Cortou a sintonia com o mal pelo exercício no bem. Assim, só nós ficamos no prejuízo. Perdoar faz bem à alma e à saúde física. Perdoar é preciso. É inteligente perdoar.

Ademais, como vamos ter coragem de orar e pedir a Deus que nos perdoe as ofensas, os erros, equívocos, maldades, se não perdoamos por nossa vez?

Quem perdoa desliga-se e segue adiante. De alma leve.

Quem perdoa não é fraco nem bobo. Quem perdoa é forte e sábio; não quer ficar amarrado ao rés do chão, quer ganhar alturas.

Não quer ver a vida "do porão" de sua prisão; quer vê-la do cume da montanha para admirar a obra do Pai e engajar-se nela.

O perdão é sentimento necessário para se viver a Magia do Amor.

33
AMANHÃ?
POR QUE NÃO HOJE?

O indeciso está sempre transferindo para amanhã a necessária correção na crônica de sua vida. Com certeza, tal redação ficará inconclusa.

Preciso pedir desculpas pelo erro que cometi. Mas vou deixar para amanhã...

Preciso dizer que o amo. Mas não hoje. Amanhã, talvez...

Preciso ajudar aquele pobre coitado. Amanhã verei o que posso fazer.

Preciso visitar meu parente no hospital. Amanhã, que hoje não posso.

Preciso ser mais carinhoso, atencioso, tolerante...

Amanhã, prometo que serei outra pessoa.

"AMANHÃ PODE SER TARDE"

Ontem... Isto faz tanto tempo!...
Amanhã?... Não nos cabe saber...
(E amanhã pode ser muito tarde...)

Amanhã pode ser muito tarde
Para você dizer que ama,
Para você dizer que perdoa,
Para você dizer que desculpa,
Para você dizer que quer tentar de novo...

Amanhã pode ser muito tarde
Para você pedir perdão,
Para você dizer:
Desculpe-me, o erro foi meu!...
O seu amor, amanhã, já pode ser inútil;
O seu perdão, amanhã, pode já não ser preciso;

A sua volta, amanhã, pode já não ser esperada;
A sua carta, amanhã, pode não ser lida;
O seu carinho, amanhã, pode já não ser mais necessário;
O seu abraço, amanhã, pode já não encontrar outros braços...

Porque amanhã pode ser muito... muito tarde!
Não deixe para amanhã para dizer:
– Eu amo você!
– Estou com saudades de você!
– Perdoe-me!
– Desculpe-me!
– Esta flor é para você!
– Você está tão bem!...

Não deixe para amanhã

O seu sorriso,
O seu abraço,
O seu carinho,
O seu trabalho,
O seu sonho,
A sua ajuda...

Não deixe para amanhã para perguntar:

– Por que você está triste?
– O que há com você?
– Ei!... Venha cá, vamos conversar...
– Cadê o seu sorriso?
– Ainda tenho chance?

– Já percebeu que eu existo?
– Por que não começamos de novo?
– Estou com você. Sabe que pode contar comigo?
– Cadê os seus sonhos? Onde está a sua garra?

Lembre-se

Amanhã pode ser tarde... muito tarde!
Amanhã, o seu amor pode não ser preciso;
O seu carinho pode não ser mais preciso;
O seu amor pode ter encontrado outro amor;
O seu presente pode chegar muito tarde;
O seu reconhecimento pode não ser recebido com o mesmo entusiasmo.

Procure. Vá atrás! Insista! Tente mais uma vez!
Só o hoje é definitivo!
Amanhã pode ser tarde... Muito tarde!

SILVANA MENDES,
(Extraído da Revista *Família Cristã* 767).

34.
Ainda sobre a prece

"Não fale a Deus sobre o tamanho dos seus problemas. Fale a seus problemas o tamanho de seu Deus". (autor desconhecido).

A prece sincera é o caminho para se falar com Deus. Não está, absolutamente, em desuso; tampouco é caretice falar-se dela.

Cultivar o hábito de orar é valorizar a presença divina em nossa alma.

Mas façamo-la com fé, certos de que ela será ouvida e encaminhada ao destinatário. "Se não puder fazer a prece com toda a energia de sua alma, melhor será que não a faça". Orar por orar não lhe acrescenta nada.

Se cultivamos ódio, revolta, desejo de vingança; se não conseguimos esquecer o mal que porventura nos tenham feito, então nossa prece será inócua; não terá a força necessária para ganhar alturas e chegar até aos mensageiros do Pai.

Acresce ainda lembrar que seremos incoerentes ao dizer a prece "Pai Nosso", cuja mensagem é de amor e perdão. Como pedir a complacência de Deus, o Seu perdão para nós, se vivemos maldizendo quem nos ofendeu e não o perdoamos?

Quando desrespeitamos a Lei Divina, (não perdoando, por exemplo) também não estamos ofendendo a Ele? E não a desrespeitamos a cada passo? Não precisamos do perdão sempre? Não gostamos de ser perdoados? Não é verdade que sempre encontramos mil desculpas a nosso favor para fazer o que fizemos? Então? Nosso companheiro tê-las-á também. "Nunca faça aos outros o que não quer para si mesmo". Quer o perdão? Primeiro, perdoe. Vá até Deus com a alma sem mácula. Aguarde. Confie. A resposta à prece nem sempre vem da forma como queremos, mas na forma mais justa, na forma de que precisamos.

Nunca façamos uma prece **somente** para pedir. Façamo-la também para **agradecer e louvar.**

Pedir o afastamento de nossas dificuldades, dos nossos problemas, dos nossos fracassos, pode ser de impossível atendimento, pois sem as dificuldades não há luta. E sem luta não há progresso. Temos de aprender; de consubstanciar em nós o aprendizado. Vamos pedir forças para não desistir; coragem; entendimento; fé; perseverança...

Não olvidemos que já fomos, ainda que por uma vez, o grande vencedor na corrida da vida; no milagre da fecundação.

O número de palavras e de petitórios tornam nossa prece mais eficaz? Não. A prece não precisa de muitas palavras, aliás, orar não é recitar palavras e pedidos; orar é um estado de alma. Pode-se orar sem dizer nenhuma palavra, pois oração é vibração e todas as vezes que estamos vibrando no bem, estamos harmonizados com a Lei Divina numa prece coletiva e benéfica. Palavras, muitas vezes, podem ser enfraquecidas pela falta de fé, pela distração, pelos automatismos, mas uma boa vibração onde se alie mente e coração, jamais será improdutiva.

Todas as vezes que pedirmos através de uma prece, não tenhamos a pretensão de dizer a Deus a forma como Ele deve nos ajudar, mas confiar Nele e em Seus mensageiros, deixando a eles – que veem muito além de nós –, a maneira de agir.

35.
VOCÊ SE CONHECE?

Você pode imaginar seu constrangimento ao ser descrito por alguém de forma diferente daquela que você faz de si mesmo?

DUAL (Voz da Consciência)

Chuva torrencial dos dias quentes de verão. Assim nos conhecemos.

Até então eu pouco sabia dela. O inusitado da coisa era que vivíamos juntas. Como irmãs xifópagas. Desde o despertar da consciência que sempre a tivera do meu lado na mais estreita intimidade.

Sentia-a de forma nebulosa e – confesso – apiedava-me dela; de sua resignação e submissão. Agora sei que isso era inevitável.

Por vivermos tão próximas, confundidas em nossas lágrimas, nossos risos, anseios e frustrações, nem me dava conta da importância dela; nem me apercebia de que sua timidez era, talvez, estratégica, para mais dias, menos dias, romper a fronteira e me sufocar por sua vez, tal a complexidade da vida fundida em nós.

Apesar de compartilharmos tudo, vivíamos como dia de sol e dia de chuva. Não a respeitava como devia. Como ela merecia.

Lembrei que de quando em quando ela se insinuava de forma um pouco mais objetiva, tentando libertar-se das amarras que eu, inconscientemente, lhe impunha.

Houve até uma vez que, "baixando minha guarda", ela me falou quase abertamente sobre minha inquietação existencial, todavia, meus rumores venceram a momentânea inércia e me fugiram suas sábias orientações.

Para o bem da verdade eu me julgava muito mais importante do que ela. Sempre a tivera submissa, sufocada e obscurecida fazendo-me sempre a dona do verbo. Ela então se retraía como ostra dentro da concha. Ia-se acostumando àquela sina e, casmurra, afundava-se cada vez mais nos labirintos da alma.

Acho que ela só não me abandonava de vez por não poder existir sem mim e por compreender-me, apesar de tudo.

Preciso foi que alguma coisa se quebrasse dentro de mim para que ela se livrasse das amarras que meu jugo lhe impunha.

Naquele dia tudo aconteceu desigual. Percebi logo ao sair que ela se fazia forte e ganhava ascensão sobre mim. Subjugava-me. Colocava-me rédeas. Obrigava-me a ouvi-la.

Deixei-me guiar por ela. Quem sabe aonde sua insanidade me levaria? – pensei num esgar de indiferença.

Caminhávamos tão unidas que só quem tem "olhos de ver" identificaria ali uma dupla. Um duelo de personalidades.

Respirei fundo o ar da manhã. Nem liguei para a quantidade de monóxido de carbono e outros lixos mais que joguei pulmão adentro naquele ato pleno.

Olhei-a o mais profundamente possível. Já ia começar meus contra- argumentos quando ela, autoritária, impôs silêncio e eu me mantive calada.

Caminhava sem sentir o chão. Nada me era importuno: o ar já irrespirável àquela hora, os aclives, declives, gritos de vendedores ambulantes, pedintes que estendiam as mãos sujas quase a me roçarem o corpo, distavam anos-luz de mim.

Por algum resquício do mau costume, uma pontinha quase imperceptível de ansiedade começou a querer romper o cerco e foi prontamente bombardeada no enlevo daquele autoconhecimento inusitado que me fazia cativa.

Começava, enfim, a conhecê-la. E ela não me decepcionava, antes, dava-me tranquilidade. Fui, cada vez mais, afrouxando os derradeiros liames que a mantinham presa.

Ela foi ganhando forças. Não mais se intimidava, não recuava ante o objetivo de me fazer ver além daquilo que eu "parecia ser". Então... Entreguei-me sem a menor resistência. Era como se retornasse aos seios de minha mãe e ali me aninhasse.

Cuidei para que minha inquietação crônica não desvirginasse aquele silêncio bom.

Ouvia-a... Ouvia-a... E quanto mais a ouvia mais me surpreendia. Como pudera eu ter sido tão insensível durante tanto tempo?

Para aonde eu caminhava? O que importava para aonde eu caminhava? – pensei. – Acabo de conhecê-la... E tudo ficou tão diminuto!

Sorvi, com vagar, a sabedoria contida nela e guardada para me ser ofertada no momento em que minhas trombetas se calassem.

Tudo passou a fazer sentido. Tudo igual e tudo infinitamente desigual. Retorno... Catarse...

Fui juíza e ré. Singular e plural. Anjo e demônio. Guerra e paz.

E dessa dualidade conflitante, dei à luz a mim.

36.
Melancolia

Melancolia é doença
Vírus quase mortal
Invade a desatenta alma
Como veneno letal.

Melancolia é doença da alma.

É um estado nostálgico onde nos entregamos sem vontade de lutar, sem disposição, sem entusiasmo para nada. Sentimo-nos alienígenas na nossa própria casa, no trabalho, na rua, nos entretenimentos...

No entanto, muitas vezes nem sabemos por que nos quedamos melancólicos e como que anestesiados diante das emoções.

Os melancólicos crônicos já morreram e não sabem...

Melancolia não combina com "garra", com determinação, com espírito de luta, com vitória, com felicidade.

Melancolia recolhe toda negatividade que gravita ao redor; é como uma grande lixeira sempre receptiva.

Melancolia é boca que nunca sorri;

Olhos sem brilho;

Alma que dormita;

Nuvem no céu encobrindo o sol.

Melancolia é uma visita que deve ser descartada sempre, pois, quando chega, nos fecha as cortinas para a luz e, então, só percebemos o cinza-escuro à nossa volta.

Melancolia é sinal de perigo. É sinal de que **não** estamos felizes; que somos impotentes para dirigir nossas vidas.

Melancolia é porta aberta às perturbações de toda ordem, porque nos torna vulneráveis.

Melancolia rondando? Não permita a sua entrada nociva. Ela costuma chegar à frente e depois mandar buscar as doenças. Ela quer render-nos, afastar-nos da luta, fazer-nos renunciar aos desejos mais caros do coração. Ela quer, enfim, nos derrotar.

Fiquemos atentos: ao primeiro sinal de que ela está por perto e elevemos nosso pensamento a Deus. Ele nos dá força. Ele é a força.

Alegria.
Fé.
Determinação.

É desse trio sublime que nascem a saúde, a paz, a felicidade...

37.
TOLERÂNCIA

Se Deus tolera nossos defeitos, por que somos intransigentes com os do nosso próximo?

Somos tolerantes? Sempre? Por algumas horas? Minutos? Segundos? Nunca?

Nossa tolerância é diretamente proporcional ao nosso entendimento: Mais entendimento, mais tolerância; menos entendimento, menos tolerância.

Quanto mais intolerantes formos, menos propensos ao entendimento. A porta da felicidade tem como tranca a intolerância. Senão vejamos:

Indignamo-nos com as falhas do nosso próximo;

Somos críticos mordazes das deficiências alheias;

Antes mesmo de ouvir os argumentos já estamos pensando no revide;

Não toleramos o menor atraso, o menor

descuido, o mais insignificante erro do nosso próximo.

No entanto, tolerar é um dos primeiros passos para encontrar o caminho da felicidade. O intolerante é um doente que não vislumbra o futuro; não avalia o passado; desperdiça o presente.

Tolerar é compreender que também somos falíveis.

Deus tolera-nos os erros; o atraso moral-espiritual; os descuidos; enfim, toda gama de imperfeições que ainda carregamos.

Quando ouvimos falar dos mártires; das suas vidas de sacrifícios em prol da humanidade, emocionamo-nos. Mas... Curioso... Embora os admiremos não conseguimos seguir seus exemplos. Na teoria aceitamos; na prática repudiamos.

É evidente que não é fácil, mas um dia teremos de começar. E não se chega ao topo da montanha sem esforço, sem determinação.

Para subir uma escada iniciamos pelos primeiros degraus e de um a um, vamos ganhando altura.

Por que não começar agora?

Por que não tentar a magia do amor?

38.
A RESPEITO DO CASAMENTO...

Convém que a união dos corpos venha depois da união das almas.

O que o casamento é para você?

– Algo com o qual você sempre sonhou?

– Ensejo para encontrar alguém que lhe pague as contas?

– Fuga do estigma de solteirona?

– Caminho para aliviar a solidão?

– Possibilidade para ter um filho?

– Necessidade para poder dar um pai a um filho de outro?

– Possibilidade de não ter de trabalhar mais?

– Motivo para agradar a família?

– Opção de quem não tem mais nada a fazer na vida?

– Oportunidade para fugir do jugo dos pais?

– Porta para a emancipação?

– Fator positivo para não acharem que ninguém amou você?

– Ensejo para mudar seu estado civil?

– Realização de um sonho que agasalhou desde criança?

– Segurança, pois a condição financeira do futuro cônjuge é invejável?

Se respondeste sim a todas ou quase todas as perguntas... Meu irmão... Estás completamente equivocado. Estás a um passo de trazer a infelicidade para morar contigo.

Casamento, para obedecer a qualquer um dos itens relacionados, só tem um caminho: O FRACASSO.

E do fracasso à desilusão

E da desilusão à mágoa

E da mágoa à revolta

E da revolta ao desespero
E do desespero ao desequilíbrio
E do desequilíbrio à doença
E da doença à dor
E da dor à infelicidade.

O casamento deve ser primeiro uma união de almas afins. Nem sempre isso é possível? Concordo. Até porque hoje não se tem mais a preocupação de sondar o caráter do futuro marido ou da futura esposa. O sexo está acima do amor. A *química* está a mil, mas o amor a zero. Casa-se já pensando na separação. "Tudo bem... vamos lá... se não der certo... para que existe o divórcio...?"

Sabemos que não é por aí. Casa-se para ter um companheiro ou companheira do nosso lado ajudando-nos, compartilhando alegrias e dores.

Casa-se porque se ama. Não só o amor como necessidade do corpo, mas o amor como necessidade da alma, como sentimento maior.

Um dia, certamente, as ilusões se acabam. É inevitável. O que restará então?

Nada, se não houve amor.

E o amor tem de ser cultivado, conforme já é sabido.

Com a rotina do casamento e com as dificuldades naturais de todo relacionamento mais íntimo, se a união não teve por alicerce o amor, torna-se uma prisão intolerável.

Não temos aqui a ilusória pretensão de tornar todas as uniões maravilhosas, pois que isso depende de vários fatores que fogem ao nosso poder de transformação.

O que nos inspira é tão somente o desejo de passar experiências que deram certo.

Primeiramente há que se saber lutador, pois a inércia é morte, e queremos viver. Viver com qualidade de vida; feliz; realizado.

Ora, querer é poder. "Eu posso salvar meu casamento". Mãos à obra:

Olhe seu marido ou sua esposa como sempre olhou nos tempos de namoro;

Tenha a paciência que teve nos primeiros meses de união;

Minimize os defeitos de seu marido ou esposa;

Procure as qualidades e pense mais nelas do que nos defeitos;

Seja uma fonte profunda de carinho, paciência, solicitude...

Veja seu marido ou sua esposa como um ser ainda em crescimento moral/espiritual, tal qual você mesmo;

Não cultive o azedume, a acidez, a ironia. Eles são altamente corrosivos.

Nunca discuta por mais de **dois minutos**. É mais digno se calar, mais corajoso ficar em silêncio. Mais sábio esperar por uma oportunidade mais favorável.

Fique sempre apresentável para ele ou para ela.

"Ora, não sou nenhuma Amélia" – você não precisa ser Amélia, por que:

– Vai falar sempre o que for necessário.

Apenas obedecerá a voz da inteligência e falará no momento certo, as palavras certas, com discernimento e sempre mantendo o respeito. Educação é bom e beneficia a ambos.

– Se o seu companheiro ou companheira baixar o nível, conserve o seu elevado; nunca ninguém perdeu por ser educado.

– Se você vibrar amor ao falar, seu cônjuge vai sentir e poderá melhorar, retribuindo também com amor. As vibrações do amor são percebidas pela alma e operam transformações.

– Você vai, sutilmente, exigir o respeito por parte dele, pois você também estará agindo de igual modo.

– Você saberá distribuir as tarefas porque você também vai à luta pelo sustento da família e é justo que tenha os mesmíssimos direitos dele.

– Nunca exigirá dele algo que ele ainda não pode lhe dar, mas o ajudará com muita boa vontade a conquistar sentimentos mais nobres.

– Se não conseguir sentir nele o companheiro ou a companheira que esperava, não sofra com isso. "Quem faz o que pode, merece, no mínimo, o salário da paz".

Tudo evolui. Nada é para sempre. Nem os compromissos sociais que nos trazem decepção e dor.

Atualmente vive-se a filosofia do "bateu... levou". Dar a outra face, a face da compreensão, é algo que foge ao entendimento do mundo atual. Pena, pois estamos plantando erva daninha no jardim da nossa vida.

39.
Bolo de Felicidade

Uma receita de alma para alma
Para uma degustação espiritual

Ingredientes

1 xícara de amizade
2 xícaras cheias de compreensão
1 xícara de paciência
1 xícara de humildade
1 copo grande transbordando de alegria
1 pitada de bom humor
1 colher de fermento de personalidade cristã

Preparo

Meça as palavras cuidadosamente.

Acrescente a compreensão, a humildade e a paciência, misturando tudo com muito jeito. Use o forno brando. Nunca ferva.

Tempere com alegria, bom humor e paciência.

Sirva porções generosas, sempre com muito amor. Não deixe esfriar: a temperatura ideal é a do coração.

Esta receita nunca falha. Se alguém não gostar é porque tem o gosto estragado e precisa consultar, o quanto antes, um médico chamado Jesus Cristo.

Espero que todos tenham gostado dessa receita. Podemos fazê-la todos os dias em nossos lares, bem como em outros lugares. Aconselho a fazê-la primeiro em casa, para alegrar os familiares. Depois servir a todos.

Geralmente guardamos os melhores pratos para os de fora, valorizando as aparências. Esta receita deve priorizar os familiares, que são aqueles a quem estamos ligados mais diretamente. Isso não quer dizer que não devamos servi-la aos demais.

Não faça economia. Use e abuse dela, pois, quanto mais a usarmos, mais veremos aumentados os gêneros necessários na nossa despensa.

Passe-a adiante. Não a conserve egoisticamente só para si, pois assim, ela desanda.

Bom apetite.

Em tempo: Endereço do médico Jesus de Nazaré:

Ele atende todos os dias no templo da alma, no altar do coração e na intimidade da consciência. Não cobra honorários e está à disposição vinte e quatro horas por dia.

Se alguém lhe disser que Ele morreu crucificado, não acredite. Ele está mais vivo do que nunca, pois Ele é o caminho, a verdade e a vida!

(autor desconhecido)

40.
AVAREZA

A avareza transforma a vida em árvore ressequida e estéril.

(...) Havia um homem rico, cujas terras tinham produzido extraordinariamente; e ele mantinha em si mesmo estes pensamentos: Que farei, porque não tenho lugar onde eu possa encerrar tudo o que colhi? Eis, disse ele, o que farei: Derrubarei meus celeiros e os construirei maiores e aí colocarei toda a minha colheita e todos os meus bens; e direi à minha alma: Minha alma, tu tens muitos bens reservados para vários anos; repousa, come, bebe, ostenta. Mas Deus ao mesmo tempo disse a esse homem: Insensato que és! vai ser retomada tua alma esta noite mesmo; e para quem será o que amontoaste?

É isso o que acontece àquele que amontoa tesouros para si mesmo, e que não é rico diante de Deus. (São Lucas, cap. XII, v. 13 a 21).

Muitos veem apenas o ângulo mais visível da natureza humana, ou seja, a avareza no sentido material. Aquele que guarda tudo que julga lhe pertencer por direito; que não dá nenhuma ajuda financeira a ninguém; que deixa até a família passar necessidades; que até para si mesmo é parcimonioso.

Esse tipo de avareza é lamentável e condiz com a natureza egoísta daquele que ainda não acordou para a fragilidade e instabilidade da vida; raciocina pequeno; acha que vai viver eternamente na matéria e precisa guardar, guardar...

Porém, tão negativa quanto essa é a avareza de sentimentos; a avareza intrínseca, espiritual, daquele que não consegue amar; daquele que faz economia até de um sorriso, de um cumprimento fraterno, de um aperto de mão, de um gesto solidário. A avareza de quem não consegue viver a magia do amor...

41.
O MEDO DA MORTE

A morte é apenas o passaporte indispensável para realizar a viagem de retorno ao lar espiritual.

Há quem viva pensando na morte. Com medo dela. E na ansiedade do medo... esquece a vida.

Mas, o que é morrer?

O filósofo grego Sócrates, que viveu algumas centenas de anos antes de Jesus, jamais temeu a morte. Era um sábio. Quando foi obrigado a beber cicuta, foi ele quem consolou sua família, seus amigos e discípulos.

Morreu tranquilamente, certo de que apenas mudava de vestimenta; de que apenas trocava de endereço.

Para seus discípulos que o questionavam ele dizia: Por que vou ter medo da morte? Existem dentro dela, apenas duas possibilidades: ou eu morro de fato, tudo se acaba e eu não terei consciência de nada e, portanto, nada sofrerei, ou não morrerei, como Espírito eterno que tenho certeza de ser. Ora, em não morrendo, não devo temer a morte, antes agradecê-la, porque estarei em contato com todos aqueles a quem amei na Terra; com meus amigos; com todos aqueles com os quais convivi e que já se foram.

Sócrates fez sua viagem para o mundo espiritual, sereno e desprendido. Soube cultivar a magia do amor em todos os seus momentos.

42.
VOCÊ PRECISA DE BEM POUCO PARA SER FELIZ

Não há nada tão pueril quanto as necessidades que criamos como condição para a felicidade.

Experimente:

Fuja um pouco do barulho citadino. Faça silêncio interior. Procure ouvir seus batimentos cardíacos. Não é maravilhoso? Você está vivo! Quanta coisa ainda poderá aqui realizar! Quantas alheias lágrimas poderá enxugar! Quanto poderá ainda crescer em valores positivos!

Não pense nos problemas como pedras no seu caminho, mas como desafios a serem suplantados. Lembre-se de que você é filho de Deus. Você está Nele e Ele está em você.

Relaxe. Inspire fundo mentalizando as

energias cósmicas fortalecendo você. Agora expire, soltando vagarosamente o ar dos pulmões e mentalizando toda negatividade deixando você.

Sinta-se pleno de vida. De saúde. De felicidade. Lembre-se de que nosso cérebro procura sempre obedecer à voz de comando que vem do alto; do Espírito, que tem força ascendente sobre ele. O Espírito manda. O corpo obedece.

Porém, se os seus problemas não permitirem a comunhão plena com a Divindade, nem por isso dê guarida ao desalento. O desânimo é força deletéria; age contra você e espera o momento certo para se instalar de vez. Agora tente novamente. Você é um descendente do Criador. Você não **é** pequeno, **está** pequeno, mas pode reverter isso. Procure sua conexão com as forças divinas.

Os problemas do mundo chegam e se vão. Nada é para sempre. Olhe para trás. Olhe a mensagem dos tempos; das humanidades. Onde estão os problemas de todos os tempos? O homem das cavernas conseguiu, afinal, descobrir o fogo. Depois os lampiões a gás ou outro combustível foram substituídos pela eletricidade. Os combustíveis foram aperfeiçoados, novas energias vieram socorrer a humanidade. E outros problemas vieram e igualmente foram vencidos.

Os reis, faraós, ditadores, governantes de todos os tempos, com sua leis injustas, massacraram o povo, mas tudo passou. Então... Nossos problemas também vão passar. Como? Ignorando-os? Claro que não, mas procurando soluções sem, entretanto, levar o desespero e a ansiedade juntos. Procurar soluções sem trazer novos problemas. Para tanto, lembre-se de que o bom senso e a honestidade devem sempre nortear nossos passos.

Sorria. Repudie tudo que não seja coerente com um viver harmônico. Drible a tristeza... Seja feliz.

43.
MENTE VAZIA E MÃOS OCIOSAS

O mal entra e se instala quando lhe oferecemos acomodações.

Mente vazia é porta escancarada para a entrada do mal. Lembremos a recomendação milenar: Vigiai e orai, porque muitas vezes o mal entra pela porta dos fundos e nos surpreende.

Mente vazia é convite às insinuações, principalmente as inferiores. Somos mais propensos às ilusões terrenas do que às aspirações sublimes, pois estamos mais pertos do animal do que do anjo. O mal sabe dar sempre um jeitinho para se insinuar, mas se o bem o estiver vigiando ele se intimida.

Mente vazia pode trazer doenças de difícil diagnóstico. Haja vista a quantidade de doentes que lotam os consultórios médicos e hospitais. É certo que estamos vivendo dias difíceis, mas isso é uma razão a mais para ficarmos alertas e não permitir que elas se instalem e se esqueçam de ir embora.

Em qualquer situação, mentalizemos Jesus. Isso não é piegas e tampouco está ultrapassado. Ele, o Divino Amigo, está sempre a espera de nosso chamamento.

44.
O SORRISO É MÁGICO

Sorrir é constranger o mau humor, porque este vive em função de carantonhas.

Há quem pense que "cara feia" resolva problemas; que sorrir é coisa de mentes desocupadas.

– Na verdade, o sorriso cativa;

– Predispõe a criatura a sentir o lado bom da vida;

– Afasta os deprimidos;

– É mensagem de otimismo;

– É estar de bem com a vida;

Sorria. Sorria sempre. O sorriso é um dos ingredientes do amor.

O sorriso não vai resolver os seus problemas, mas cara feia também não. Então... Pelo menos não se alie ao mau humor. Por quê?

– Mau humor torna nossa expressão agressiva;

– Faz feios vincos ao redor da boca e na testa;

– Envelhece prematuramente;

– Torna-nos antipáticos, indesejáveis, "persona non grata";

– O mau humor acaba se transformando em doença;

– Afasta de nós a possibilidade de ver a vida por outro ângulo;

– Faz-nos enxergar tudo cinza.

Incorpore no seu dia a dia o hábito de sorrir. Sorria ao mau humor, às impertinências da vida, àqueles que não o compreendem; a tudo que não lhe trouxer harmonia e alegria.

Estamos todos aqui graças à bondade de Deus, que nos ofereceu nova existência; nova possibilidade de reequilíbrio; de progresso. Sejamos gratos. Procuremos corresponder ao que Ele espera de nós. Qual o caminho das pedras? Simples: Viver a magia do amor.

45.
PROBLEMAS FAMILIARES

*No cadinho do lar instalam-se amigos e inimigos.
A sabedoria é conservar os amigos e transformar
em amigos os inimigos.*

Quem não os tem?

Como enfrentá-los?

Como fugir da "dominação familiar"?

Como conviver com a sogra? Nora? Genro? Cunhado? Agregado?

Como suportar aquela presença hostil?

Ah, como seria bom se tivéssemos respostas definitivas para tudo isso! Uma receita via Internet... Um email dando as coordenadas...

Não. Não temos a solução para tudo, mas temos o caminho que nos leva a ela. Temos o remédio a ser indicado, mas a cura vai depender da constância, da insistência e da boa vontade no tratamento.

Tratamento sugerido:

• O bom senso e a argumentação podem ser eficazes. Já experimentou?

• Continuar fazendo o que você acha certo, sem valorizar "as oposições", se elas não forem justas. Se conseguir fazer isso, dez para você!

• Explicar o porquê dos seus atos de forma que o objeto de sua contrariedade sinta firmeza em suas decisões e compreenda a inutilidade da interferência não solicitada. Pode crer. Isso resolve.

• Pôr em prática tudo aquilo que você já conhece sobre a tolerância, a fraternidade e o amor. Esta conduta é infalível.

• Não desistir nunca de tentar o melhor para o bem de todos. É o caminho aveludado para os pés cansados.

• Amar sempre jamais apresentou resultado negativo. Não tem contraindicação e os efeitos colaterais são ótimos. Recomendamos uma boa dose todos os dias.

Conviver é inevitável. Só crescemos e desenvolvemos nossas potencialidades *pari passu* com as dificuldades oriundas dessa convivência.

Querer fugir para as "montanhas" e se isolar, está longe de ser solução.

Lembro-me de uma interessante história que bem pode ilustrar nossos despretensiosos comentários a respeito desse "ato perigoso" que é a convivência.

Dois irmãos. Um era sapateiro. O outro, um místico que queria alcançar o equilíbrio pleno; desenvolver a mente a ponto de poder controlar tudo através da força de vontade.

O sapateiro, no seu pequeno estabelecimento sempre cheio de gente, ia trabalhando as solas, remendando aqui e ali. Convivia com os mais estranhos tipos e ouvia os mais diversos comentários. Ia sempre separando o que convinha guardar e o que devia jogar fora.

O irmão então lhe disse:

– Como evoluir num ambiente desses?

Como se concentrar junto à gentalha? Eu, por minha vez, vou para um retiro nas montanhas nevadas. Lá sim. Estarei sozinho. Em contato direto com a natureza! Você vai ver quando eu voltar! Já estarei dominando tudo por intermédio do meu poder mental!

O irmão sapateiro apenas assentiu com a cabeça. E esperou. E passou muito tempo, até que um dia o irmão eremita voltou.

De longe o sapateiro já o viu caminhando, todo concentrado, trazendo numa das mãos um punhado de neve que, apesar do calor, não derretia.

Todo satisfeito foi-se chegando até entrar na oficina do irmão sapateiro.

– Veja, meu irmão. Lá na solidão da montanha consegui o controle mental que sempre desejei – e apontava para o punhado de neve que continuava firme como se ainda estivesse lá nas montanhas nevadas.

O sapateiro muito se admirou.

De repente, entra uma freguesa de minissaia. Senta-se numa banqueta. Tira a sandália que entrega ao sapateiro para o conserto. Sorri sensualmente para o eremita. Cruza as pernas. Descruza e cruza novamente. Sensual. Provocativa.

O místico não consegue desgrudar a vista daquele cenário.

O irmão sapateiro sorri enquanto a neve vai caindo rapidamente das mãos do eremita; escorrendo por entre seus dedos.

46.
"AS DORES SANGRAM NO CORPO, MAS ACENDEM LUZES NA ALMA"

A dor é uma visita indesejada, porém, muitas vezes necessária como despertador.

É comum generalizarmos a dor e achar que todo tipo de sofrimento é da vontade de Deus. "Deus quer assim..." "É o meu carma..."

Não. Deus não quer o nosso sofrimento e nem tudo é carma. Não foi para isso que fomos criados, pois que o Criador é só bondade. O sofrimento não é criação divina, é consequência de nossos equívocos diante da vida; da nossa imaturidade espiritual de ontem e de hoje.

Feita a ação, responde a reação. Não é

Deus quem castiga, porque Ele não tem desses sentimentos tão comuns à alma humana. Tampouco tem "olheiros de humanidades", técnicos para contabilizar erros e acertos. Simplesmente deixou o mundo assentado em Leis naturais que respondem, positiva ou negativamente, a toda ação praticada. Podemos não ver essa reação na hora em que acontece a ação, mas ela alcançará o autor. Não tenham dúvidas de que "os olhos de Deus" a tudo vê, pois eles estão à sua direita, à sua esquerda, de norte a sul, de leste a oeste. Porque ele está em nós e fora de nós.

Não percebemos que, muitas vezes, sofremos porque a bússola que norteia nossos passos emperrou e nos distanciou do caminho certo e, por isso, as naturais consequências estão nos atingindo. Estamos apenas colhendo os frutos dos desacertos. Se vivermos a magia do amor a resposta (reação) será outra.

O Pai, na sua sabedoria, não espera da criança o comportamento do adulto, mas não se exime de ensinar como e o quê plantar. A esse ensino, quase sempre somos insensíveis e, então, a dor não é imposição. É consequência.

Essa dor suportada com resignação, com fé, com renúncia e sem lamentações, embora maltrate o corpo físico, purifica o Espírito; eleva-o muito acima das questiúnculas da vida; é luz acesa que nos visita a alma.

47.
INSISTA; UMA, DUAS, MIL VEZES

Os grandes atletas olímpicos começaram executando pequenas cambalhotas.

Insistir é uma arte. Uma arte que aprendemos ao longo do tempo. Só os tolos se deixam levar pelo desânimo. Uma tentativa não deu certo? Um sonho desmoronou e nada mais restou se não desilusões? Ora essa! O mundo não se acaba por isso! Concentre-se. Refaça os planos, meu amigo! Tente de novo. Lembre-se de que você já venceu pelo menos uma vez. Quando? Quando reencarnou.

Quanto mais repetimos uma determinada coisa, com mais perfeição a fazemos. Na primeira vez parece-nos impossível; na segunda, o impossível já é duvidoso; na terceira vemos que exageramos quanto ao grau de impossibilidade. Daí por diante, o caminho será o da perfeição.

Auguste Renoir, o extraordinário pintor francês, bastante afamado pela vitalidade que deu ao Impressionismo, já com mais de sessenta anos foi procurado por um rapaz que queria aprender a arte de desenhar e pintar.

Ora, esse jovem não dispunha de muito tempo – ou não queria perder muito tempo com tal aprendizado – e quis logo saber o tempo que levaria para aprender a ser como ele.

"Vejo que o senhor não demorou mais de cinco minutos para desenhar esta bela paisagem" – disse o jovem, impressionadíssimo com a rapidez e harmonia dos traços executados por Renoir.

O ilustre artista olhou-o e disse:

"Fiz este desenho em cinco minutos, mas demorou sessenta anos para consegui-lo".

Assim é. Nenhum dom se manifesta da noite para o dia. Quanto mais persistirmos na execução de algo, mais perfeito o conseguiremos a cada tentativa.

Já é sabido que somos o que pensamos.

O pensamento vem na frente de qualquer realização. O pensamento é quem modela e dá ensejo à ação.

Quando ainda criaturas insipientes, néscias, de pensamento confuso, truncado, silabado, lento, frágil, nossas ações e realizações são de igual valor, ou seja, não expressarão nenhum Renoir, nenhum Picasso, nenhum Michelangelo. Todavia, as mãos inábeis de um iniciante poderão evoluir para a de um mestre, se não se der guarida ao desânimo, à falta de coragem para reiniciar, uma, duas, mil vezes.

48.
HUMILDADE

A humildade independe da condição social. Há pobres orgulhosos e ricos humildes.

Virtude dificílima de ser em nós encontrada. Esquecida. Desvalorizada. Incompreendida. Confundida.

Podemos muitas vezes achar que somos humildes porque aceitamos calados as admoestações, todavia, quase sempre agimos assim pela impossibilidade de fazer valer nossa vontade, porque outro jeito não houve; porque reconhecemos a força do nosso oponente.

Pudéssemos analisar honestamente nossos verdadeiros sentimentos e haveríamos de nos surpreender. Deem-nos o poder e a força e mostraremos o quanto podemos ser arrogantes e orgulhosos; como a humildade pode ser apenas aparente.

Acresce dizer que fazemos uma ideia

bem errada da humildade. Ser humilde não é ser **pobre**, não é **se trajar modestamente**, não é **andar de cabeça baixa**, não é dizer só **sim... Sim**. Senão, vejamos:

• Quantos considerados pobres são tão ou até mais orgulhosos que muitos ricos;

• Quantas vezes os trajes são modestos embora ansiemos por grifes famosas, revoltando-nos por não tê-las;

• Quantas vezes andamos de cabeça baixa carregando a revolta no coração;

• Quantas vezes nossa boca se cala e nossa alma continua gritando...

Aprendemos, nas lições da vida, que humildade é conquista espiritual. Ser humilde de coração é reconhecer que existe acima de nós, acima de tudo, uma inteligência superior que governa o mundo e que podemos chamar de Deus.

Ser humilde não é fazer voto de pobreza, andar sujo, mal vestido, de cabeça baixa, concordar com tudo...

Ser humilde é não ter arrogância; é não

se achar melhor do que ninguém; é saber estender a mão àqueles que necessitam, sejam estes pobres, ricos, cultos, incultos, crentes ou descrentes.

Ser humilde é saber o quanto ainda necessitamos uns dos outros.

Ser humilde é reconhecer que quase nada sabemos; que existem coisas das quais nem suspeitamos; que nossa inteligência ainda não atingiu o máximo, que nossa sabedoria é relativa; que somos ainda tão limitados!

O já citado filósofo Sócrates deu-nos um exemplo magnífico do que é ser humilde:

Certa vez uma pitonisa do templo de Delfos, na Grécia, disse que o homem mais sábio da Grécia era ele, Sócrates.

Em chegando este comentário aos ouvidos do filósofo, ele disse que a pitonisa se enganara; que ele não era em absoluto, o homem mais sábio da Grécia.

E para provar que a pitonisa se enganara, saiu a procurar aqueles que julgava ser mais inteligente do que ele.

Entrevistou um sábio famoso. Este soube responder muito bem somente as questões pertinentes à sua ciência. De outros assuntos era completamente leigo, conquanto se fizesse de grande entendedor.

Sócrates, decepcionado, foi atrás de outro, mais famoso ainda.

Aconteceu a mesma coisa: Sabia muito bem uma determinada Ciência, mas ignorava outras. Também não teve humildade de dizer que não sabia e afirmou ser grande conhecedor das demais ciências.

Nova decepção. Novas buscas. Fim das entrevistas. Não havia mais ninguém na Grécia com quem ele pudesse dialogar e aferir seu conhecimento.

Sócrates não precisou de muito tempo para concluir:

"A pitonisa está certa, afinal de contas. Eu sou mesmo o homem mais sábio da Grécia, porque eu, pelo menos, sei que **nada** sei, ao passo que os outros **nada** sabem e julgam **tudo saber**".

49.
Mentalização para o repouso do corpo e do espírito

Entreguemos ao tempo tudo que não possamos resolver.

Fechemos nossos olhos. Façamos silêncio interior. Sintamos a Natureza...

O Sol vai se pondo... Tranquilamente. Os últimos raios ainda se refletem nas águas do mar, tecendo cordões de ouro na massa líquida. Tudo é paz... Nosso coração bate no ritmo permanente da vida.

Agora, uma brisa suave nos envolve. Entreguemo-nos a essa carícia. Não temos nenhuma preocupação. Nenhuma ansiedade. Entreguemos todos os nossos problemas à sabedoria do tempo.

Vislumbremos, ao longe, um campo em flores. Flores coloridas que balançam, como a nos envolver num abraço fraterno. Inspiremos longamente. Nossos pulmões são preenchidos em toda sua plenitude. Agora expiremos devagar. A paz nos invade.

Nosso corpo está repleto de saúde. Nossa mente está tranquila. Estamos felizes. Somos felizes...

50.
O PODER TRANSFORMADOR DO AMOR

No amor, a prolixidade não conta muito; pois uma alma poder "ler" outra alma.

Muitas vezes achamos que consubstanciamos o amor fraterno dentro de nós, porque já conseguimos tolerar, compreender, perdoar, ajudar nosso próximo.

Entretanto, embora isso seja uma conquista grandiosa, ainda estamos muito longe de possuir o amor como ferramenta de transformação; o amor que movimenta forças para nós ainda desconhecidas; que tem o poder de atuar no núcleo dos átomos espirituais e promover modificações.

Como se davam as curas que Jesus realizava?

Como ele podia restaurar a carne ferida?

Como devolveu a paz a muitos perturbados?

É que Ele, o Cristo Jesus, possui esse amor que transforma. Por essa razão conseguia curar tantos enfermos quando encarnado aqui na Terra. Ele foi, é, e será sempre a personificação desse sentimento sublime.

Maria Madalena modificou-se ao poder desse amor. Transformou-se. Ao ouvir Jesus, percebia que algo se desprendia Dele ("saiu de mim uma virtude" – disse Jesus uma vez). Eram tais virtudes as irradiações de amor que derretiam as crostas endurecidas dos vícios arraigados; que sensibilizavam; que modificavam a vibração do enfermo, proporcionando sua cura.

Hoje, muitas Marias Madalenas de ambos os sexos; dos mais variados vícios, transformam-se quando têm a ventura de conhecê-Lo e vivenciar seus ensinamentos.

Infelizmente ainda não conseguimos esse nível de amor, todavia, se já conseguimos uma fração, tempo virá que conseguiremos o inteiro.

Nossas virtudes ainda são insipientes, mas não se chega ao topo da montanha sem começar pelo sopé. O maior sábio já estagiou nos bancos primários.

Alma combalida... Nutra-se de fé. Nada está perdido. Avante! Vivamos a magia do amor.

51.
O MEDO

O medo apequena a criatura e a torna incapaz de qualquer ação. Mostra-se disfarçado de cautela e é o maior destruidor de sonhos.

Quem nunca topou com esse monstro devorador de sonhos?

Ele, geralmente, nasce no momento em que temos de tomar alguma decisão importante nas nossas vidas.

De repente, ao idearmos uma coisa boa para nós, como, por exemplo, concluir a faculdade que ficou perdida pelos caminhos dos desacertos... estudar para um concurso... casarmo-nos... ter aquele filho desejado ou adotar um... ele, o medo, chega e nos acovardamos.

No nosso sonho tudo parece perfeito, mas nossa mente inquieta está titubeante, e eis senão quando, lá do fundo do inconsciente, o monstro devorador de sonhos emerge. É terrível! Passamos a ver tudo cinza. Relâmpagos de advertência surgem de todos os lados. Questões... Questiúnculas... Interrogações... E passamos a duelar com ele que nos diz, provocador:

– Terminar a faculdade? Ora, essa é muito boa. Você não é capaz. Não acha que já passou da idade? Não acha muito trabalhoso? Afinal, estudar e trabalhar... Você já sai do serviço um bagaço; terá condições de assistir às aulas? E a mensalidade? Seu salário é insignificante...

A isca foi jogada pelo medo e sua companheira que é a dúvida. E nós a mordemos. Longe de rejeitar – e nós poderíamos tê-lo rejeitado – entregamo-nos a ele. Nossas possibilidades são esquecidas; relegadas a um segundo plano; soterrada por esse sentimento destruidor de sonhos. O "querer é poder" se intimida e foge.

Assim, desanimados, nos enfraquecemos e pensamos: "Realmente não dá! Não vou conseguir ir adiante. Vou me sentir fracassado!

Tenho tantas dúvidas... Já não sou tão jovem... As provas... O cansaço... A família..."

E nos curvamos. Esquecemo-nos de que tudo podemos quando realmente queremos; quando há determinação. O medo, sim, é persistente e, atrevido, nos adverte uma vez mais:

– Você nunca foi muito inteligente. Tem grande probabilidade de não conseguir. Já pensou nas cobranças? Não acha melhor ficar quietinho no seu canto?

E o medroso se encolhe. Sepulta todos seus sonhos: "Tenho medo de fazer fiasco".

No entanto, o medo da derrota só deveria servir para sermos cautelosos e desenvolvermos nossa capacidade de lutar. É bem melhor tentar, mesmo errando, do que nunca tentar (já ouvi isso em algum lugar).

Abraham Lincoln é um exemplo de persistência na busca de atingir seus ideais. Um exemplo de quem não cultivou o medo de novas derrotas. Foi um jovem simples e filho de lavradores. Nunca teve facilidade na vida, fracassou como comerciante, foi derrotado várias vezes em eleições para cargos públicos no seu país, mas não esmoreceu. Cada derrota o estimulava a tentar novamente. Até que conseguiu chegar à presidência dos Estados Unidos.

Aquele que cai numa tentativa, levanta-se mais forte. Se conheceu a cara desmotivada do medo, não se submeteu a ele; não deixou de lutar pelos seus sonhos. Então... o medo correu e refugiou-se atrás da porta.

52.
A ILUSÃO DA SEPARAÇÃO

O cravo e a rosa brigaram
Do jardim a rosa se mudou
O cravo, triste, emurcheceu
E a rosa, infeliz, despetalou.

Ah! Onde os tempos felizes do início do casamento?

Amor que não é cultivado, morre.

Amavam-se tanto que tal aventura parecia nunca chegar ao fim.

Entre beijos e juras de eterno amor, os primeiros meses foram passando... passando... E a vida... aos poucos desbotando.

Amor que não é cultivado, morre.

A realidade cinza assumiu o leme. Juras de amor já não faziam mais. Elogios foram substituídos por duras críticas. O olhar amoroso transformou-se em carantonha insuportável.

Amor, que não é cultivado, morre.

Separação. Outro jeito não encontraram. Cada qual para o seu lado. O cravo, triste; a rosa, desolada.

Solidão. Dúvidas. Será que não havia mesmo outro jeito? Será que o amor fora mera ilusão?

Amor, que não é cultivado, morre.

Novo relacionamento. O cravo... saradão. Jovial. Cordato. A rosa, renovada. Brilho no olhar. Sem dor de cabeça... Festa no jardim.

E o tempo passa... passa. E novamente há brigas no jardim.

Amor, que não é cultivado, morre.

53.
O QUE JESUS ESPERA DE NÓS NESTE TERCEIRO MILÊNIO?

O convite para a reformulação moral/espiritual permanece. O instante perdido jamais retorna. Acordemos. Evoluir é preciso.

Nossa vida é feita de ciclos. A morte não afeta nosso aprendizado, porque a vida continua do lado de lá ainda mais intensa do que o é aqui.

A Terra, nossa querida Terra, nossa estância de aperfeiçoamento, não pode parar na sua rota evolutiva.

E nós? Estamos sabendo aproveitar o ciclo que se inicia? Teremos condições de acompanhar a Terra na sua evolução? Estaremos sintonizados com seu futuro padrão vibratório, então, mais sutil? Conseguiríamos viver nesta Terra transformada, sem causar desarmonia pela nossa inferioridade espiritual? Adiantarão pedidos de perdão à última hora? Não. Claro que não. Até porque é uma questão de atração magnética; de sintonia. Se não estivermos vibrando no mesmo diapasão, impossível.

A justiça divina é perfeita; inexorável; não esquece o endereço de ninguém, porém dá oportunidade aos retardatários para se modificarem. E todos, um dia, aprenderemos a viver a magia do Amor.

SOMOS
FILHOS DA LUZ
E PARA A LUZ
CAMINHAMOS.
SOMOS
FORÇA E PODER,
ALEGRIA E SAÚDE,
PAZ E FELICIDADE.